資優生的祕密

任教建中40年
陳美儒的青春期孩子
陪讀哲學

建中資深名師
陳美儒

suncolor
三采文化

【推薦】

始終如一的真誠，君子慎獨的內省

——國立臺灣大學電機系教授　毛明華

一口氣讀完陳老師的新作《資優生的祕密》，天空已逐漸透出微光。老師犀利又流暢的筆觸一如往昔，而這回透露了更多自身的心情。從「誰要吃建中明道樓豆沙包？」裡，可見初為人師的陳老師就已是會跟學生說抱歉的老師，到「愛戀情書始終一封也沒收過」的數十年名師，所憑藉的是始終如一的真誠。這絕非外顯的包裝，而是「君子慎獨」的內省。老師學業、家庭、戀愛全方位的輔導經驗，真是讓我眼界大開，彷彿回到建中校園，再一次當老師的學生！

換位思考、從心出發

——國立臺北護理健康大學副教授　翁仕明

品酩著美儒老師的文章，不知不覺跌進往日美好時光，一曲熟悉的旋律迴盪在耳邊，漸漸地有些清晰——是的，那是周華健的「讓我歡喜讓我憂」。

我想，如果看著這篇推薦文的您，竟然秒懂這首歌，甚至還會哼唱，那我「警告」您：有自知已過「賞味期限」了嗎？知道為何「管不住」你家的青少年嗎？您的心情我明白，他們的確是這樣一群孩子，讓你歡喜讓你憂，讓你甘心為了他們付出所有。但，您真的做對了嗎？

換位思考，是我在美儒老師書中所見最多的，唯有徹底放下清空，從心出發，方能感同身受。這本書不僅讓身為小兒神經科醫師的我驚艷不已，更相信您若有機會一探究竟，美儒老師絕不會讓您失望的！

我的母親，是把學生當作自家孩子的陳美儒老師

——加拿大 Ryerson University 電機系助理教授　Kevin Tang 唐家凱

包括CD、有聲書在內，這大概是母親第四十五、六部的新書了。

從有記憶以來，家裡就有兩部室內電話機，其中一部粉紅色，外殼是Hello Kitty的電話，它一響，母親總是很緊張。後來，我才知道，那是「家長專線」。母親為班上的學生家長特地裝了這部電話，家長一遇到孩子教養的困擾，就可以打這支電話給母親。

記得一個半夜凌晨，那部粉紅電話竟大聲地響了起來，把我們全家都叫醒了。只見母親匆匆接起電話，聽完，立即換了一套外出運動服，悄聲的跟爸爸說：「有孩子的媽媽跟孩子鬧脾氣，吞了大量安眠藥，現在在急診室。」一末了，母親又補了一句：「他是單親家庭。」

爸爸不放心大半夜母親要外出，執意要陪著一起去，母親卻說：「放

著兩個小孩子在家裡，怎麼可以？」然後抓了個小皮包就往外跑了。

小時候，半夜上廁所，我總愛偷偷推開爸爸媽媽的房間，爸爸通常在床上睡得很香，母親則坐在化妝檯前埋頭寫稿。

母親規定我們每天一定要吃早餐，有時候是煎蛋火腿起士三明治，有時則是榨醬麵或雲呑湯。我和姐姐直到國中，一直是班上少數帶便當的人。連爸爸上班教學，也是帶便當。到現在我仍最愛吃母親做的瓜子肉飯和紅燒牛肉胡蘿蔔。

難忘，第一次穿西裝戴小領結，是在幼稚園大班時，母親榮獲「十大傑出女青年」。我跟姐姐上台獻花，記得是現場電視轉播，有好幾個記者大哥哥大姐姐問我和姐姐的感想。究竟回答了什麼，如今已記不清，只記得我說：「我愛媽媽。」

每逢中秋、端午、春節，家裡總是鬧烘烘的來了許多大哥哥，又吃又喝地跟母親大聲聊天，他們走後家裡總充滿大哥哥臭襪子留下的味道。我曾嫉妒那些大哥哥，總覺得母親關愛他們比較多，大哥哥犯錯、做不好的事，母親不曾斥罵，只會溫和安慰。

慢慢長大，我終於了解，母親愛我們也愛學生。她把每個學生看成自家孩子。難怪，不管畢業多少年，總有學生不間斷地來跟她聯繫。真情不必偽造，真心本是天成。我相信母親的文字全出自真心真情。我愛母親，更願全力推薦母親的這本新書。

老師寫的親子關係，值得家長借鏡！

——國立臺北科技大學土木系教授　陳偉堯

我是民國74年從建中畢業，那一年米高．福克斯主演的電影《回到未來》是票房最高的賣座電影；隔年湯姆．克魯斯拍了《捍衛戰士》。

我沒想到時隔36年，會看到同樣是湯姆．克魯斯主演的《捍衛戰士》續集，但是我很確信包括我在內，很多人一輩子都忘不了美儒老師。美儒老師要出新書了，她再度以深具感染力又發人深省的方式，娓娓道來一個又一個迷茫年輕心靈的故事。書中沒有心靈雞湯般的空洞語言，卻多的是親子關係的借鏡，值得所有家長一讀。

親子間的疑難雜症，應該先問問美儒老師

——國立臺灣大學附屬醫院皮膚科主治醫師　陸惟誠

二〇二〇年真是我有記憶以來最糟糕的一年。

一隻小小不起眼的冠狀病毒，搞到全世界人心惶惶，鬼影幢幢。我最喜歡的國外旅遊幾乎陷入停擺，航空業旅客量急速下降，機場空空蕩蕩宛

如死城。從那之後，口罩成為每個人生活的必需品，出門前除了鑰匙錢包的檢查要項之一。在公車中、在捷運上，隔著口罩完全無法辨識出你我的表情，卻可以清楚看到彼此不信任相望的眼神。

如此受疫情影響的生活持續至今，何時能結束？無人知曉。因為停課封城，在家學習的時間增加了，親子之間的互動也增加了，親子間的關係會更加和諧，還是陷入更緊張的狀態？學生必須透過網路學習，電腦使用的時間大大地增長，遊戲電玩與真正學習的區隔越顯模糊，需要小孩子更強的自制力。每天在家大眼瞪小眼，家長的壓力變大，焦慮也會變多。不上實體課只上網課，造成人際關係的疏離，連帶網路霸凌也增加了。

二〇二〇年絕對是人類歷史上值得大書特書的一年，絕對會被後代史學家狠狠地記上一筆。不過別擔心，睽違許久的親子關係作家美儒老師出新書來幫我們解決問題了。所有親子間的疑難雜症，看完必如大夢初醒，各種問題必迎刃而解。看到這裡，你還不趕快手刀加快去買？

豈能盡如人意，但求無愧我師

——中國信託創業投資公司業務副總經理　鄒柏林

38年前，我從埔里山城考入建國中學。高二時當上人生第一次班長，遇到了生命中第一個貴人——陳美儒老師。老師將我視為親人，情同姐弟，亦是良友。想當年老師肚裡懷著老二家凱，我抱著老大可馨和老師、師丈，一起趕午夜場電影的景象仍歷歷在目。高中的我是一個人離家負笈北上，然後在老師那裡找到了第二個溫暖的家。回首來時路，人生學習旅程中最重要的事其實是能遇到良師益友。

好的老師能夠激勵啟發學子，像一盞明燈照亮他們的前程，讓他們一生受用無窮。我對中文的興趣，就是受到老師的啟蒙。想當年為了得到老師的讚賞，絞盡腦汁寫出了一篇動人的文章感謝我的母親，得到老師在全班同學面前對我的表揚。大學聯考就憑著國文英文和化學三科高分，考進了台大化工系。

我有幸十八年前，在美國矽谷迎接唯一的掌上明珠 Julia 的到來。她由小學時期的天真瀾漫、可愛無邪，成長到國中時期荳蔻年華的青春美少女，再成為狂野叛逆高中時期的虎豹小霸王。十幾年來的撫育過程，深感「生養容易教育難」的道理。

而老師在四十多年教學生涯中，作育英才無數，也是青少年教育專家，遇到的疑難雜症何止萬千。這本書已經不知是老師第幾本的專業著作，老師畢竟是中文專業，文章寫起來自然是行雲流水，深入淺出、鞭辟入裡、淺顯易讀。沒有使用艱澀難懂的醫學名詞，試著去解釋孩子們的生理狀態；也沒有複雜的心理學術語，去解析青少年的偏差行為。但整本書讀起來，卻是滿滿的真誠關懷和無盡的愛。

我始終相信每個孩子都是獨一無二的，是上帝賜給我們的禮物。就像勇士手中的箭，箭袋充滿的，便為有福。但也沒有一個人是完美的，家家都有本難唸的經。也許您的孩子目前還沒有出現書內個案的諸多狀況，但他山之石可以攻錯。未來孩子走在人生十字路口徬徨無助時，都可以做為借鏡予以預防並且對症下藥。陳老師的這本最新青少年教育著作《資優生的祕密》，我真心誠意推薦。

更多元、更有同理心

——長庚醫院副院長．長庚大學醫學系教授　蔡文鐘

這本書是美儒老師將她在建中數十年的教學歷程中，所累積的師生互動及親師互動的寶貴經驗。以生動活潑的筆觸，將這些經驗，用最簡潔與最優美的文字躍然呈現於此書。這本書對家有兒女初長成而正處於青春叛逆期的家長們，提供了更多元、更寬廣、更具同理心的思考方向。讀了這本書，相信可讓家長們對緊張的親子關係不再苦無對策。我誠摯推薦這本書給每一位家有兒女初長成的家長。

你真的了解自己的孩子嗎？

——基督教門諾醫院麻醉科主任醫師　賴賢勇

很高興，就讀建中時期的國文老師，陳美儒，又要出書了。延續先前的二本大作，美儒老師會繼續在這本新書中，分享如何發現親子間的溝通密碼。

「你真的了解自己的孩子嗎？」

坦白說，直到現在，我仍然持續的在學習。美儒老師的這本書中，舉了很多很棒、很「熟悉」的例子。讓讀者在實際的例子中，知道親子關係的奧妙，值得大家細細品味。

很榮幸能再次幫美儒老師的新書寫推薦序。這是一本非常實用的親子關係書；適合家中有青少年的家長，也適合從事教育工作者閱讀。

【自序】

會思想的蘆葦

——陳美儒

前些日子，一位母親透過臉書訊息來向我告狀，說她那「小綠綠」的女兒，日前穿了一件膝蓋破兩個洞的牛仔褲，要跟同學去逛街。她實在看不下去，忍不住叨唸了幾句：「又不是乞丐，為什麼偏要穿有破洞的褲子？」

沒想到，女兒當場脫下牛仔褲，拿起剪刀在屁股的地方各剪了一個洞再穿回去，然後才大搖大擺的走出門。

「老師，我覺得自己真是教育太失敗了。她不只把我的話當耳邊風，更是公然、大大方方的做了要把我活活氣死的動作。上學期她甚至當選了優良學生，同學們還稱她『學霸』，可是她就是這樣叛逆，偏偏我這老媽又無可奈何！」

「請問老師，是我太老古板了？還是現在的青少年都是這副德行？」

這讓我想起幾年前NBA的Kobe當紅的時候，本班「灌籃高手」、副班長小康的媽媽，在一個中午，氣呼呼的跑來辦公室找我。

她滿臉通紅的對我說：「真是沒天良的浪費，一雙Kobe球鞋要價近兩萬元，他也買得下手！我跟他爸爸都勸他不要買，他卻說那是我們獎勵他得到好成績的錢，愛怎麼用是他的權利，我們管不了。」

「老師、老師，錢是我們給的啊！他竟然說愛怎麼用是他的權利，我們不可以干涉！這、這是什麼時代啊？」

我只能平心靜氣的對小康媽媽說：「雖然錢是你給的，給了自然就屬於他，他要怎麼花，真的是他的權利。Kobe是兒子的偶像，這雙鞋他肯定是想好久了，只怕太多的勸說、阻止，反而徒增困擾，打壞了親子間原有的好感情。」小康的媽媽最終沒有衝動的跑去教室罵兒子，只是悻悻然走往校門。

是啊！這是個什麼時代？繼草莓族、玻璃心之後，我們已邁入了「鮭魚時代」。君不見，日前躍上媒體頭條的「鮭魚之亂」，為了吃免費的、無限量的鮭魚壽司，一夜之間，數百青年將名字改為「王鮭魚」、「周鮭魚」；更有的「未雨綢繆」，將「干貝、燒肉、龍蝦、螃蟹、牛排……」全放入名字裡。到戶政所，說改名就改名，才不理原來的名字是阿公、阿嬤、爸爸、媽媽，費盡心思或請算命大師批算筆畫才取的呀！

這是什麼年代？這就是21世紀青少年多元、自主的年代。親愛的爸爸、媽媽們，你可以不認同，卻無法反對或禁止。

「青春」一詞，最早見於屈原《楚辭．大招篇》：「青春受謝，白日昭只。春氣奮發，萬物遽只。」大意是春臨大地，陽光和煦，生命的氣息奮發而起，原本沉睡的萬物也都將開始復甦。

可見青春一詞，原先指的是春天；後人則將青春借代為人生中最美麗燦爛的年輕時光。

青春是這般美好，青春驛動的心卻也是如此危機四伏。年輕的生命充滿各種可能，喜悅、歡欣或苦惱，似乎一夕之間也可能風雲變色。

22歲不到，我從師大國文系畢業，只因為一心想陪弱勢地區的孩子讀書，我以全系成績排行前茅的分數，主動請求教育局幫我從熱門明星國中：南門國中，改分發到臺北邊陲的南港國中。實習一年，教的是國三女生班的國文兼導師。帶著這群15、16歲的少女，表面是師生，實則形同姊妹。實習結束，我被調往全校只收男生、有「建中先修班」之稱的大同國中。雖然當時已考取自費留學美國，卻因為捨不得這群半大不小、天真活潑的男孩，我放棄了出國深造的機會。一九七八年，以剛過25歲生日的青春容顏，應聘來到這人才匯聚、菁英濟濟的建國中學日間部任教。聽說，當時我的年紀之輕，一不小心打破了任教建中，必定要有相當歲數及年資的慣例。

歲月遞嬗，物換星移，在教學路上，一晃眼四十三年。除了教授國文，我更擔任了四十年的導師。

「青青子衿，悠悠我心；但為君故，沉吟至今。」在長年與青春兒女朝夕相處，真實觀察和經驗中；在多年來國內、國外數百上千場的講演中，我傾聽無數來自各地青少年男女的告白，也傾聽許多爸爸媽媽的無奈心聲。

我認為，學業功課、身材外貌、同儕交流、情感問題與親子溝通，一直是青春兒女的五大困惑。

近代法國哲學家大師巴斯卡（B. Pascal）在《深思錄》裡說：「人只不過是大自然中最柔弱的蘆葦，但他是會思想的蘆葦。」其意義表示蘆葦極易受風雨摧折，有如人之難免生老衰亡，但是人因為能夠「思想」，而可改變一切挫折困境。人生之路，道阻且長，唯有思想可以煥發光明、洞燭生命意涵，展示生命的智慧與境界。

但願透過美儒「會思想的蘆葦」，能開啟這些優秀孩子說不出口的祕密，能讓天下父母師長與青春兒女，溝通零距離。

【目錄】

推薦序／始終如一的真誠，君子慎獨的內省　毛明華……3
推薦序／換位思考、從心出發　翁仕明……4
推薦序／我的母親，是把學生當作自家孩子的陳美儒老師　唐家凱……5
推薦序／老師寫的親子關係，值得家長借鏡！　陳偉堯……7
推薦序／親子間的疑難雜症，應該先問問美儒老師　陸惟誠……8
推薦序／豈能盡如人意，但求無愧我師　鄒柏林……10
推薦序／更多元、更有同理心　蔡文鐘……13
推薦序／你真的了解自己的孩子嗎？　賴賢勇……14

自序／會思想的蘆葦 15

第1章 是誰想當第一名？

再造一個的理想孩子？ 28
不想聽我的，那要聽誰的？ 37
資優生說不出口的祕密 47
她總是「第一名」，可是她拒絕上學 57
出國就能解決問題？ 65
烏龜真能跑得贏兔子？ 76
面子贏了，裡子呢？ 85

誰要吃建中明道樓豆沙包？……96
當狂狷才子必須重考時……106

第2章

無可選擇的家庭仍有愛

撕裂的不只爸媽的婚姻，還有孩子……118
單親爸爸也有淚……128
Party 夜店女王的寂寞淚水……137
當爸媽結了又結，結了再結……148
雄鷹在角落哭泣……158
老爸是角頭，學生是堂主？……169

飯糰、檳榔攤與內衣褲……182

第3章 成績好也不一定有戀愛腦

兒子被倒追了！……194
誰先愛上他？……204
他暗戀我，但他和我一樣是男生……213
分手真能快樂嗎？……223
當憂鬱症找上門……234
勇敢面對戀愛腦……243
性不性，行不行？……252

不「練」愛，怎會談戀愛？……262
學霸搞不定的愛情習題……274
天下沒有白吃的午餐，感情也是……285

第1章

是誰想當第一名？

再造一個理想的孩子？

平林漠漠煙如織，寒山一帶傷心碧。暝色入高樓，有人樓上愁。
玉階空佇立，宿鳥歸飛急。何處是歸程？長亭更短亭。

李白〈菩薩蠻〉

從美國芝加哥飛往西雅圖的飛機上，我曾看過一則篇幅龐大的專題新聞報導，內文提及一種稱作「改造學校」的新興行業，從一九八〇年中期創設以來，已逐漸成為美國教育系統中，另類的一股激流；在全球經濟普遍瀰漫低迷氣氛的情況，這種所謂的「改造學校」竟然有「生意」越作越昌旺的趨勢。

究竟什麼是「改造學校」？要改造的對象到底又是誰？為什麼？

據報導指出，所謂的「改造學校」，其實就是一種由私人興辦的住宿教育學校。只是這種學校光是一年兩學期的學費，往往高達近十萬美金（相當於新臺幣三百萬左右）；然而最特別的是，這些學校的地點並不在美國本土，而是遠在千里之外——加勒比海邊的牙買加或薩摩亞。

根據舊金山青年中心的專家指出，美國確實有不少家庭的父母，在自認用盡心力、費盡努力，卻仍然對孩子束手無策的情形之下，情願勒緊肚皮、咬緊牙關的拿出巨額金錢，將他們家中那叛逆、不聽話的孩子送往「改造學校」；期盼家中那目無尊長、鎮日沉迷3C電動遊戲的頑劣「頑石」有洗心革面，重新再造的一日。

家住加州奧克蘭豪宅，16歲的傑克，在前一年冬天，從加勒比海島嶼牙買加，寫一封信給他父母「報平安」。信裡這樣說著：「這裡的海水很藍，天氣也很好，不過學校圍牆的鐵絲網也很高……」

「改造學校」之所以這般轟動全美，以致引起無數父母、學者專家廣泛注視、討論的原因，正是由傑克所引燃。

是學校還是監牢

那年十一月九日的凌晨四點左右，傑克的父母雇了兩位護理壯丁，將熟睡中的傑克從溫熱的床上拉起來，快速的拖進早已備好的車子，駛往離家足足有一千公里路程，位於猶他州的一所私人精神療養院。在做過一連串身體檢驗之後，傑克立即被送上飛往牙買加的飛機。

不過在登機之前，傑克偷偷打了一通電話給鄰居朋友，並請他報警。

傑克非自願的被送往遙遠的加勒比海牙買加「管訓」這件事，在美國立即引起了家庭對子女管教的「騷動」，許多人激烈發表論辯：當父母遇到未成年子女吸毒、酗酒、不讀書、沉迷電玩、事事頂撞的偏差行為，就把他（她）推出家門交由他人「管教」，這是不是也同時推卸了為人父母的責任？甚至有人告發傑克的父母，指控他們「綁架」了未成年的子女。

舊金山法庭審判期間，有不少人作證支持傑克的父母，其中竟然包括曾經被送往「改造學校」的一些年輕人，他們皆表示對父母當年的做法心存感激；說如果沒有那段「經歷」，他們的生命將永遠沒有更新的機會。

加州奧克蘭法庭最後的判決是：「傑克的父母只是基於善意行使為人父母的權利」，因此將此控訴案件駁回。

值得注意的是，像這樣的「改造學校」，經傑克事件的爆發後，竟接二連三的陸續開張，並且在報章雜誌上大幅刊登廣告，招攬學生。

從「改造學校」的大發利市看來，可見讓父母頭痛、束手無措，「頑石」級的兒女，在美國許多家庭中肯定存在著不少。

愛炫、耍酷、討厭威權，不喜歡沒事就老被「叮嚀」、告誡，幾乎可以說是全球青少年男女的特質。

在青春繁花般的年齡裡，在亮麗的容顏上，容易悸動、不安定的情緒，也就如影隨形的跟著呈現；飆得太猛、反彈得太凶，逐漸的就演變為一種桀傲不馴的「頑石」。

當「頑石」的硬度越來越高時，只怕父母和兒女的心靈交流也就越來越有了距離。

你真的了解自己的孩子嗎？

記得有一年的母親節，一家文教基金會對臺北和高雄，四千六百位的母親做了一份問卷，有將近四成六的母親自認很了解自己的孩子；可是在對六千多位國、高中生青少年做同樣的問卷時，竟然只有二成一的孩子，認為父母了解自己。

從這份數據顯示，有近半數的母親認為，關於「孩子的事」她都很清楚；可是卻有近七成的兒女，認為爸媽根本不了解他們真正的心事。

父母與兒女的認知為什麼會有這麼大的落差？這樣的落差是不是隱隱約約的提醒了我們：許多父母、兒女之間的觀念想法有待更多的了解和溝通？孩子們的「心靈捕手」到底在哪裡？

真相的背後

有一年的校外教學畢旅，一位在班上向來表現得十分內向、容易臉紅害羞的學生，竟背著鯊魚造型的背包，穿著黑衣、黑褲，配戴著長串的金屬項鍊加上銀質粗厚手鍊，完全一派重金屬搖滾歌手打扮，始料未及的出現在我與同學們的眼前。

他的這一出現，看得我和同學們皆瞠目結舌，他卻笑嘻嘻的對我說：「這是我出門後在捷運站廁所換好的。」

哦，原來日常表現乖巧、害羞的少年，內在埋藏著的卻是一顆充滿搖滾、熱情的心。

五天四夜的畢旅最後一天，哇，那一身搖滾重金屬打扮的少年不見了，他又換成白T恤、牛仔褲的鄰家少年模樣。

我忍不住問他：「怎麼不再重金屬了？那樣挺有型的。」

只見他滿臉笑意的回我：「老師，如果老爸看到我那身打扮，他豈不心臟病發作？更糟糕的是，我的零用錢還可能會被取消。」

多次與畢業十年、二十年、三十年的學生重逢、相聚在同學會裡，聽他們談起高中年少的時代，就有不少同學這樣告訴我：「老師，不曉得為什麼，在那個17、18歲的年紀裡，對爸媽所說的話常常是怎麼聽就怎麼討厭；反正，他們要我往東，我偏偏就要往西。」

有些已為人夫、人父的則會感慨的道：「等自己當了爸爸後，才終於懂得爸媽當年的苦心。」

—會思想的蘆葦—

青春是美好的，卻也是危機四伏的。

年輕的生命充滿各種可能，每個年輕的個體就好似一顆顆青澀的變化球；一句鼓勵讚賞的言語，一種尊重信任的態度，可能造就他（她）健康、向陽的一生；一句沉重偏頗的批評，一個輕蔑不當的態度對待，也很可能變成他（她）長久的陰影，甚至演化為終身焦慮不安的根源。

為人父母者，您正在為那不想聽您說話，老是用那種「叛逆」、質疑的眼神「瞄」您的孩子煩惱嗎？您相信親子間的溝通也有特殊的密碼嗎？

為人師長者，您可曾為那老愛跟您唱反調，愛跟您「掰」到底、辯到贏才肯停嘴的學生嘔氣？您相信師生間也存有一種神奇的心情指數器嗎？

身為青春兒女的你，是否也曾想澈底明白，那些成年人的心裡究竟在想些什麼？他們心底的聲音又是如何呢？

著作《鼠疫》、《異鄉人》的法國哲學家兼小說家的卡謬說：「請別走在我後面，因為我可能不會引導；請別走在我前面，因為我可能不會追隨；請走在我的身邊，做我的朋友。」

愛我，請不要煩我！

想來這是許許多多青春兒女，心底的呼喚。

不想聽我的，那要聽誰的？

胡馬，胡馬，遠放燕支山下。跑沙跑雪獨嘶，東望西望路迷。
迷路，迷路，邊草無窮日暮。

韋應物〈調笑令〉

「蓼蓼者莪，匪莪伊蒿，哀哀父母，生我劬勞。蓼蓼者莪，匪莪伊蔚，哀哀父母，生我勞瘁……」當老師在上《詩經．蓼莪篇》的時候，我忍不住偷偷的拭去奪眶而出的淚水，我覺得我是個不孝的孩子。因為，我只憑自己的喜好而完全違逆了父母從小對我的期待。

我不敢想像，當爸媽看到我學測甄試錄取的科系時，他們會有多麼生氣或傷心？

老師，在自己所愛和爸媽的期待間擺盪，我覺得好痛苦，這幾天的夜晚，我一直輾轉反側，睡不著。我實在很苦惱不安，不曉得該怎麼辦？

週一清早的早自習，我批閱著學生的週記；有全年級「首席學霸」之稱的小哲的煩惱心聲，跳入了我的眼前。

忍不住望向坐在窗邊角落的小哲，只見到他一如往昔，外表平靜、安穩的閱讀著《科學人》雜誌。

我想起，上個月大學學測成績發表，國文、英文、數學、社會、自然五科，滿級75級分的，全臺灣只有38人，我們學校就占了11個名額，而其中3人在我班上。

當「水果報」派來記者，前來專訪這11位同學的讀書方法，且要大集合拍團體照時；小哲一風聞校長室來找人，立即一溜煙就跑了，拒絕接受採訪與拍照。

事後，我曾私下悄悄問他為什麼要跑掉，小哲壓低嗓子告訴我：「我不想讓爸媽知道我考滿級分。」

記得每學期的親師會上，小哲的爸媽總是連袂參加。小哲的爸爸永遠西裝畢挺，媽媽也是盛裝打扮。我知道，小哲的爸爸是某著名教學醫院副院長，同時也是頗負盛名的心臟科名醫，媽媽則是名氣響噹噹的整型醫美醫師。想來，這兩位名醫日常肯定是十分忙碌的，可是小哲是他們唯一的獨生子，是他們的心肝寶貝，所以再忙、再排不出時間，他們也一定會趕來出席親師會。

每次會議結束，他們夫妻倆永遠是最後離開教室的人，因為小哲的母親一定要對我再三叮嚀，懇切拜託：「老師呀，您也知道小哲脾氣倔得很，我們說什麼，他都愛理不理的。可是我知道他最聽您的話，您說的最有用。請您一定要讓他填醫學系，不要老是說什麼環保、愛地球的。他養天竺鼠、兔子、蜥蜴、蟻獅、巴西烏龜，這些我都可以不管，可是要去念什麼森林資源環保的，我跟他爸爸可不能接受！」小哲媽媽劈里啪啦的說完一大串，斬釘截鐵的叮嚀我這導師勢必要阻攔小哲的森林環保夢。

雙親都是名醫，寄望兒子克紹箕裘也是人之常情，可是親愛的爸媽，除了知道兒子學業功課總是「勇冠」同儕之外，你們可知道他最愛的卻是各種飛禽鳥獸？為了保護這些屬於大自然的飛禽鳥獸，他早已決定把第一志願獻給森林資源學系，立志走遍大大小小的森林，照顧各種昆蟲鳥獸。

小哲曾在一個放學的午後黃昏，拉著我的手，要我仔細聆聽窗外的鳥鳴，他一臉歡喜的告訴我：「老師，現在是四月天，那是畫眉鳥正在求偶的聲音。」又得意洋洋的對我說：「有機會的話，老師可以跟我一起到對面的植物園，我可以為您分辨出三十多種不同鳥類的叫聲。您知道嗎？從鳥鳴聲也可以分辨出小鳥快樂和傷心的情緒。」

大學推甄校內名單公布後，許多同學擠在榜單前，看到小哲的名字高掛在臺大森林系時，隨即引來不少同學瞠目結舌，驚訝的問：「那個滿級

75分的○○哲，怎麼不念臺大醫科，卻跑去讀森林？」

讀醫學系就是人生勝利組？

在那個閱讀過小哲心聲的週記午休時間，我找來小哲，一起到校園角落散步。

「老師可以想像你現在內心一定很徬徨、很掙扎，是不是？雖然你不顧一切，勇敢的選擇了森林系，可是想到最終爸媽還是會發現，他們也許不會斥責你，但是一定會很傷心、失望，是不是？」

小哲癟著嘴，一雙明亮聰慧的眼睛開始泛起淚光。

「老師有個建議，不曉得你覺得如何？我想這申請名單目前還是止於校內而已，你大可選擇放棄，直接參加校外甄試。」

小哲忍住了即將掉下的眼淚，緊緊的望著我。

「我想，爸媽既是醫生，期待你繼承他們的志業也是無可厚非的。但是當醫生跟保護大自然是不衝突的，如果你有一天和爸媽一樣成了名醫，有了豐富的收入，你可以創立基金會，用來守護飛禽鳥獸、用來保有森林。你覺得老師這個想法如何？」

「老師，我想我懂了，我今天回家就跟爸媽說明白。我會參加醫科甄試，開始認真做審查資料，也不用再擔心爸媽的反應了。」原本癟著嘴角的小哲，瞬間一副「欣然有生望焉」的笑了起來。

真相的背後

難忘的是，多年前，有個成績十分優秀的男孩，把唾手可得的臺大醫學系，改成純研究的化學系；結果個性跟兒子一樣剛烈，守寡十多年，一手把孩子帶大的母親，竟憤恨得當著兒子的面，吞下大半瓶安眠藥。

多年後的今天，我仍無法忘記在深夜的急診室裡，身高一百八十幾公分的大男孩，滿臉驚恐、充滿自責的眼神；他一看到我，就像小孩子般的急撲過來，全身不斷的顫抖，雙手環住我，放聲大哭。

在醫生的緊急催吐、灌腸之下，大男孩的母親幸運的挽回了一命。得知母親性命無虞的當下，大男孩終於破涕為笑的對我說：「化學跟母親比起來，又算得了什麼？反正我並不討厭生物解剖，也不怕血，去當醫生又何妨？」

幸好，當年是先繳交志願卡後再參加大學聯考的；大男孩在繳交志願卡的當天凌晨，選擇把臺大醫學系放到第一志願。

如今，大男孩早已成為一家大型醫院的骨外科高手，同時也是醫學系教授。

─會思想的蘆葦─

寡母因兒子填的志願不符合她的期待，選擇以激烈手段「吞藥」來逼兒子更動志願，這種情緒勒索「死諫」手法，著實不是上策。

還好她及時被救回來了，而孝順的兒子也依母親的期待，將他原本喜愛的化學系變更為醫學系，結局終以「喜劇」收場，其過程卻是驚心動魄，與「悲劇」擦身而過。不論站在親子溝通或教育基準點上，母親的這般作為都是十分不可取的。

其實對長年擔任高三導師的我而言，幾乎年年都會遇上兒子與父母親的理想背道而馳的狀況。通常在得知這樣的情況之後，我會先與孩子談理想與未來藍圖，再找孩子的父母來表達兒子的心思。最後，再請雙方敞開心胸，做最終、最柔和的直球對決，以求最大「公約數」。

幾年前，大學學測放榜，一位師大附中的孩子本可以上醫學系，他卻偏不填；結果母親氣匆匆跑來學校找孩子理論且大聲痛罵，沒想到也是火爆剛烈個性的男孩，竟當著母親、師長、眾同學面前，從教室迴廊欄杆一躍而下。

還好，是二樓。男孩當場骨折、挫傷，在救護車急奔校園，緊急送醫之後，救回了一命。

事件發生後不久，中廣新聞網立即撥來手機電話，要我call out發表看法與建議。當時我正帶著學生在做「校外教育旅行」，現場call out時，正好車行在臺南往高雄的高速公路上，全車全班馬上靜音，就聽我一人跟中廣新聞網連線，而且「乖乖」的聽了我近二十分鐘的「科系選擇與親子溝通課」。

在古希臘神話裡，有個大壞蛋名叫「普羅克瑞提斯」（Procrustes），他聲稱擁有一張適合任何人的鐵床。事實上，他遇到較矮小的人，就用鐵鍊把人的手腳拉長；太高大的，則殘忍的把人裁截成適合鐵床的大小。

與那張慘酷的鐵床相比較，許多爸媽在孩子身上追求的心願或期待，是否也是另一種無形的「鐵床」？

孩子的表現如果不合「鐵床」的規格，很可能就引起心有「鐵床」的父母的焦慮，這種焦慮如果不斷的投射到孩子身上，生性較溫和、乖巧、聽話的孩子，為了符合爸媽的期望，只好拚命「壓抑」自己的想法和舉止；個性比較強硬、不愛順從的孩子，很可能就會跟爸媽爆發強烈的爭執，甚至故意「叛逆、對立」，用以對抗爸媽的那張「鐵床」，以至於決裂。

當爸媽的期望、執著，與兒女夢幻理想產生對抗時，親子之間的意志溝通，往往也就沉溺在極欲說服對方的拉鋸、拔河間而不自覺。

如果爸媽硬要給予孩子高壓性的強制規劃，只怕青春年少的心，反彈力道會更大，最終落得兩敗俱傷。

當孩子的志向，無法符合父母的期望時，怎麼辦？為避免彼此「硬碰硬」，為消弭彼此無謂的傷害，我以「事緩則圓」為最佳原則；建議爸媽先拆除心底的「鐵床」，身為兒女的也試著站在爸媽的立場多些著想；再加上有信任的師長或親友做為溝通橋樑，相信一切將可以有喜樂圓滿的收場。

資優生說不出口的祕密

千江同一月，萬戶盡皆春。
千江有水千江月，萬里無雲萬里天。

宋《嘉泰普燈錄》

麥蒂森．霍爾是美國常春藤名校——賓州大學的大一新鮮人，從中學起，她就一直是學校的風雲人物。金黃色的頭髮，配著一雙明亮湛藍的大眼睛和燦爛迷人的盈盈笑靨，不只是同儕欣羨、追求的可人兒，同時也是賓州大學的田徑校隊代表。

不論是學業功課或田徑訓練，她始終表現卓越、名列前茅；她是父母的心肝寶貝，更是學校師長的寵兒。可是，就在大好前程正待開展的時刻，她卻毫無預警的走上絕路。

這一場震驚全美的悲劇，揭開了當代青春年少面對網路世界急速變化的心中缺口，父母、師長該如何陪伴這類所謂的資優生走出內在隱藏的陰霾，找出深埋在內心的夢魘，正向而真實的擁抱陽光？

不分年齡、性別、種族，全美自殺率十八年來飆升了25%；二〇一九年，全美有近四、五萬人自殺，而這數字是他殺死亡人數的兩倍多。

綜合華盛頓郵報、CBS和CNN的報導，以及美國疾病管制與預防中心（CDC）的發表報告，說明了這則令人不安的趨勢：在15歲到34歲的人口中，自殺已經成為死亡的第二原因。

早在十多年前，著名的TIME（時代雜誌）就曾提出呼籲，說美國有越來越多的青少年，甚至兒童，他們的生活常被情緒困擾，被網路霸凌所折騰，因為他們罹患了「情緒雙極性疾患（Bipolar Disorder）」，在精神科一般稱為「躁鬱症」，而這前所未有的發現，確實讓許多專業醫療人士大為吃驚。

美國「全國躁鬱症協會」在二〇〇八年擴大集會時提出報告，指出全美「情緒雙極性疾患」病患約有二百五十萬人左右，男女比例各占二分之一。更讓人憂心的是，患者首次發作的平均年齡，已從原本的28歲左右，下降為17、18歲。「躁鬱症」患者情緒往往時而亢奮不已，又時而跌入憂愁谷底。

事隔十年後的二〇一八年，美國青少年嗑藥、酗酒，手機片刻不離身的情況，更是前所未有。有誰注意到這些年輕的心靈，在外表光鮮、物質富足的表象之下，是否藏有一處陰晦的黑洞，充塞著滿腔無法向人傾訴的矛盾與痛苦？

而這種隱形的「精神障礙」，其實平日是看不太出來的；甚至往往被當事者刻意隱瞞，以免被人貼上精神有問題的標籤。

「功課好、有禮貌、很聰慧、很聽話」幾乎是一般人對所謂資優生的印象，甚至以為這樣聰明懂事、課業表現傑出、體育也不差的孩子，就不需人操心，因而忽略了他們內心的真實世界。

喜歡獨自思考，是資優生的特質之一。通常他們跟同齡的孩子相較，思想邏輯顯得比較獨立、高度敏感，卻也十分脆弱。這樣的孩子在情感、思想上，往往會比同齡的孩子來得堅定且執著，遇見問題時，甚至情願躲起來，也不肯拉下臉、彎下腰來找師長、父母或同學求助。

聰明的腦袋、孤獨的心靈

麥蒂森．霍爾在家族的期盼下進入了常春藤名校，猶如被戴上了象徵榮譽的桂冠。其實在入學後不久，她就發覺由於長時間奔馳在田徑場，占據了她不少讀書時間，令她開始對學業感到吃力。再加上她熱愛足球遠勝於田徑，可是她身為田徑代表隊，實在不知道該如何開口向教練、向一直以她為榮的父母，說出自己內心真正的意願。

如同許多資優生心扉深處的疑慮，總覺得周遭世界不了解她，孤獨、無助，卻偏偏放不下身段向人求助。於是，他們只能暗暗期待，期待能遇見真正懂得她（他）的心靈捕手。

可是大多時候，他們身旁的師長、親友會不經意的迷失在他們亮麗的成績上，以致於輕忽了他們表面笑意滿滿的背後，所潛藏的心酸淚痕、幽黯夢魘。

真相的背後

在建中任教近四十年，也教了好幾屆數理資優班的孩子。記憶深刻的是三十年前，數理資優班尚未成立之前，學校特設了一個「菁英班」，做為數理資優班的「暖身」；就是在高一升高二時，將高一各班的前一、二名集中到這個班。菁英班在週六時，常到臺大、中央研究院上課，彷彿「華山論劍」，全班54人，各個皆是高手中的高手。

不多久，風聲逐漸傳了出去，每個菁英班上的同學都承受著巨大的壓力，甚至遭受到別班同學「排擠」，把這傳奇的十二班的學號「12」多加了一條尾巴，變成「13」。

某天中午，目前已在某大教學醫院擔任副院長的小芃，哭喪著臉，偷偷躲在校園角落裡抽煙。（當年抽煙、撞球，如果被教官抓到，是要記大過的。）

我悄悄走到他身旁問：「怎麼啦？」

他抬頭一看到我，嚇得忙把煙蒂踩熄。

「有心事、不開心，可以告訴我嗎？老師說不定可以跟你一起分擔。」我不在乎他抽不抽煙，我在乎的是他那原本圓圓胖胖的臉，如今卻是愁煩滿滿的。

「我……我……」話沒出口，小芃的眼眶卻已發紅。

「老師，我已經很努力了，卻還是考出這種名次，我不敢拿回去給爸爸蓋章。」小芃從口袋抽出一張揉得皺巴巴的期中考成績單。

國文、英文、數學、化學、物理、三民主義、生物，七科總平均92.3，在菁英班裡排名倒數第三，52名。（註：當年成績單把總分總平均列得清楚，按分數高低排名，而且規定帶回家給家長簽名蓋章。）

「92.3，很好呀，要我考，肯定勉強60過關。不要難過，菁英班裡實在有太多『外星人』了，你大可不必藉著抽煙來宣洩自己的情緒。老師可以在你成績單上寫些話給爸爸嗎？」聽我滔滔不絕的說，他圓睜著雙眼，似乎有些狐疑。

「小芃爸爸：我是小芃的國文老師陳美儒，您的兒子是個優秀且懂事貼心的孩子，因為這是個十分特殊的班級，請不必在乎班上的排名。我相信以他的學習態度，將來肯定會考上理想大學科系的。」我在小芃的成績單空白處寫下了以上的文字。

小芃看著我的文字與簽名，原本哭喪的臉一下子笑開了。看來，我的留言可以化解一場可能的父子風暴。

小芃所在的這個菁英班裡，確實有不少「外星人」。

「潯陽江頭夜送客，楓葉荻花秋瑟瑟。主人下馬客在船，舉酒欲飲無管弦……」課堂上，我要求同學們默寫白居易的琵琶行。

「默寫到『座中泣下誰最多？江州司馬青衫溼』就好，『元和十年，予左遷九江郡司馬……』這段前言序就不用背了。」

結果話才說完，班上立刻就有三、五個同學舉手說：「老師，我已經都背下來了。」

白居易的〈琵琶行〉凡六百一十六言，我想六百多字也夠多了，序不背誦也罷。沒想到，班上就是有不少過目不忘的「外星人」，竟然連序言都一字不漏的全背誦了。

高二升高三的那個暑假，教育部特許班上三個同學直接跳考大學聯考，結果其中兩個同學考上了臺大醫學系，另一個則考上了臺北醫學院醫學系。然而考上北醫的那位同學其實是三人之中成績最好的，上了北醫自是不甘心，於是又回來和同學們一起升高三，第二年大學聯考的時候，果然考上了臺大醫學系。

—會思想的蘆葦—

事隔多年後的今天，也許你要問我：「那些超級強棒、會念書會考試的『外星人』而今安在哉？」

算算年紀，當年「菁英班」的孩子，如今也都已是「知天命」之年了。54人中，大概27、28人是醫生，其他人各奔前程，各行各業都有；有人早早成

家立業，也有人寧願獨身自主。

什麼菁英班、數理資優班、科學班，都只不過是人生中、學生時期的一個過程，並不是終身配戴的榮耀桂冠。

在教改的一再變更中，目前臺灣不只中學設有數理資優班、人文資優班、科學班，甚至在一些國小裡，也可以看見資優班的存在。

孩子考上資優班，對父母而言，往往是件值得向親朋好友炫耀一番的「成績」，對孩子而言，卻不免是另一種「負擔」。期待父母、師長在看見孩子的光彩成績時，也請不要疏忽了孩子心底真正的聲音。

她總是「第一名」，可是她拒絕上學

西城楊柳弄春柔，動離憂，淚難收。猶記多情，曾為繫歸舟。碧野朱橋當日事，人不見，水空流。
韶華不為少年留，恨悠悠，幾時休。飛絮落花時候，一登樓。便作春江都是淚，流不盡，許多愁。

——秦觀〈江城子〉

大學好友方雯一再打電話來，要我撥個時間與她的外甥女見面。末了，她壓低嗓音，幾近哀求的說：「拜託你幫我救救她好嗎？別忘了她還是你的忠實讀者哦！」

方雯告訴我，女孩的爸爸在一所公立大學任教，兼任系主任，媽媽則在一家外商公司擔任CEO；女孩是家裡唯一的孩子，更是父母的掌上明珠、嬌嬌女、小公主。父母親從小對她刻意栽培，琴棋書畫無所不通曉，據說她在三歲多的時候，就可以背誦唐詩近百首，琅琅上口。

「那女孩小小年紀就長得好可愛、好漂亮，還拍過沐浴乳、洗髮精的廣告呢！鋼琴彈得好、小提琴也拉得棒，學業功課更不必說了。國小畢業時是全校第一名，不僅拿了市長獎，還在畢業典禮上代表全體畢業生致詞。到了國中後，第一學期科科成績都逼近滿分，總平均96分，又是全年級第一名，而且贏第二名整整十幾分。」

一提及女孩的優秀，我透過電話線，都可以感受到方雯語氣裡那股藏不住的驕傲與得意。

「沒想到才到了國中第二學期，這孩子竟然變得連學校都不肯去了。早上起床不是說肚子痛，裝病，就是叫不醒，裝睡，幾乎已經是班上的遲到女王了。最近聽我小表妹說，他們正在考慮把孩子送到國外遊學，至少去個一年半載的，說不定只要到了國外、換了環境，一切都可以好轉。」

說到女孩的「拒學」，方雯的語氣一下子又變得軟弱起來……

到底是誰在追求「第一名」？

週日下午，我跟女孩約在學校附近的一家咖啡洋食館見面，沒想到女孩的媽媽也來了。

微鎖的眉宇，刻意不與人接觸的視線，女孩蒼白的臉龐看來既不安又焦慮；她那纖細、瘦削的肩膀與身軀，怎麼看也不像個15歲的國中生，更無法與她童年時展現著燦爛笑靨拍廣告的模樣相連結。

倒是女孩的母親打扮得十分光鮮亮麗，手裡提著的是LV最新款的限量版刺繡手提包，身上搭配著的是淺粉色剪裁合身的套裝，金框眼鏡後的雙眸上則閃動著精緻的綠色眼影。

「真不好意思，放假日還把你找來。這就是我女兒小琪啦！她呀，從小到大讀書考試都是第一名，升上國中七年級後，也是全年級排名第一哦！唉，只有一次考第二，就是上學期第二次期中考，正好考前生病發燒，數學才會白白被扣了5分。老師，你知道嗎？她最近不曉得為什麼，常常鬧脾氣不肯上學，可是一參加考試，每一科成績還是全班第一。」女孩的母親才一坐下，連桌上的水都還來不及喝，就已迫不及待的滔滔述說女兒的「豐功偉業」。

好不容易停下來，喘口氣，喝杯水，美麗貴婦人又立即補充道：「對了，老師你肯定看過我們小琪以前拍的洗髮精和沐浴乳廣告吧？」

女孩的母親說得很暢快、很興奮，坐在一旁的女孩卻兀自低著頭，只顧著玩手機，對母親的談話，冷淡的擺出一副「事不關己」的模樣。

「無聊啊，誰要第一名！」臨走道別前，女孩小琪雙眼空洞無神，愣愣的直瞪著前方，喃喃自語的說出了這場會面裡的唯一的一句獨白。

真相的背後

其實在小琪和媽媽推開落地玻璃門，走進咖啡洋食館裡的那一刻，我已無意間看到一幕足以展現母女關係與心結的畫面——在女孩伸手推門之際，媽媽很明顯地想牽住女孩另一隻手，卻被女孩用力的一把甩開。

氣焰炙熱、態度逼人的母親說起話來，音調總是上揚八度；敘述起事情，更是有如江河奔騰，一發不可收拾。表面上看似「火力」十足，卻是只能無力的面對女兒的沉默不語、冷淡冷漠表情的「對峙」。以「殘酷」的角度來看，母親盛氣凌人的表現，其實只不過是一種外強中乾、虛張聲勢的頑強延伸。

這實在是一場失敗的諮商會談，因為我想跟女孩溝通的所有問話，幾乎全被她母親一人獨攬、「搶答」完成；原本應是這次會談主角的女孩，一下子似乎變成了「局外人」。

在這般強烈對比之下的「強勢」母親與「柔弱」女兒，母女之間的親子關係會是良好的嗎？而當孩子從優秀卓越的女兒，成為如今「拒學」的問題學生，女孩那在大學裡任教，兼任系主任的父親，又扮演著怎麼樣的角色呢？面對女兒情緒幾乎崩潰的困境，父親究竟是站在什麼樣角度看待？抱持著什麼樣的態度呢？

排斥到學校上課，是女孩表達內心「抗議」的一種聲音。長年來，母親的威權氣焰一再「打壓」孩子原本內在的想法，逼得孩子有話不能說，有志不得申；女孩的心，怎可能不生病？

在求學的路上，追求榮譽、贏得好成績是無可厚非的。可是當「第一名」背後躲著成年人的虛榮心，演變成爸媽展現在外的另一種「面子」時，名次、數字也會漸漸衍生成孩子身上無形的枷鎖，甚至默默的烙印、傷害著年少無辜的心靈。

會思想的蘆葦

好強、氣盛的母親一再強調，縱使女孩常請假、很少上學，卻也照樣拿得「第一名」，甚至在女兒鬧情緒、排斥上學的窘境下，還打算要把她往國外送；以為只要換個環境，一切就可以變好，卻沒有仔細思慮過，讓一個情緒不穩定的15歲女孩，孤伶伶的寄住在國外陌生家庭，女孩可有能力面對突如其來的挫折或不可預知的意外事故？能適應全然陌生的環境與截然不同的飲食習慣、風土民情嗎？與來自不同族群、不同國籍的同儕相處，可以順利結識好友、和樂相處，擁有良好的人際關係嗎？

親愛的「強人」媽媽，這一切的一切，你可曾為孩子周全考量過？孩子的教授爸爸，你可也贊同此刻將孩子送出國嗎？

是誰要第一名？是誰在乎第一名？得了第一名又怎樣呢？

是全班第一？還是全年級、全校第一？全市、全縣、全臺灣第一？好啦，就算是全世界、銀河系、全宇宙第一，又如何？

人生的追求、生命的意義，就僅止於一個「數字」而已嗎？

親愛的爸媽們，請問，你還記得國小、國中、高中或大學，班上是誰拿了「第一名」？

請問，那些當年勇奪「第一名」的，而今安在哉？

出國就能解決問題？

少年聽雨歌樓上，紅燭昏羅帳。壯年聽雨客舟中，江闊雲低，斷雁叫西風。而今聽雨僧廬下，鬢已星星也。悲歡離合總無情，一任階前，點滴到天明。

蔣捷〈虞美人〉

七月中旬飛到法國巴黎，我將展開第六度「海外華文教師研習營」的巡迴教學。

來自法國、德國、西班牙、比利時、盧森堡、瑞典、挪威、荷蘭、瑞士的華文教師代表，凡62位。

研習營區就設在巴黎近郊的一所高中，來自各學校的學院老師在下課休息時分，總喜歡圍著我，詢問各類各式的「疑難雜症」。

幾近三分之一的老師，都來自臺灣，其中也有年輕的留學生。不論老少男女最愛私下悄悄的問我：「怎樣才能擁有幸福婚姻和自己的事業？」

曼婷從小跟經營中式餐廳的父母移民阿根廷，在阿根廷修完藝術學院的課程後，獨自來德國專攻作曲和大提琴；她閃動著深邃美麗的眼睛，低低的告訴我：「從前在家裡，總覺得媽媽很煩、很愛管人、整天碎碎念的。我裙子只要穿得短一點，她就會拚命把我的裙襬往下拉，現在她管不到我了；很奇怪的，我卻反而會把裙子穿得長長的，蓋過膝蓋。」

來自瑞典的麥卡才剛過20歲生日，中文能說能聽也會唱，寫起字來卻還不是很流利。他偷偷的對我說：「不好意思，我幼稚園沒畢業就跟著爸媽出國，對中文其實沒什麼研究，所以平常只教一些7、8歲的小朋友。不過這次特地搭飛機跑來參加研習，是想給自己個機會認識華人女孩——」說罷，高大的身子笑得肩膀都抖動起來。

哦，原來藉研習進修也是通往「愛之船」的另一條河川？

至於那些家有兒女初長成的學員媽媽們，找我問的，記掛、懸念的則大多是兒女的感情問題。

來自比利時的張老師說著：「兒子今年16歲了，書念得還不錯，就是交了一大堆女朋友。哎唷，我們那裡華人很少，所以他交的全是身上只穿著一點點布料的女孩子。時不時就熱吻擁抱的，真是教人擔心……」

來自西班牙的周老師皺著眉宇嘀咕：「女兒17歲，學的是雕塑藝術。沒想到，不久前交了一個印度男朋友，一下子就愛得火熱。萬一她將來嫁到印度去的話，我肯定會瘋掉。」

在巴黎停留了六天，我又搭機轉往南非斐京：這是非洲地區，多年來第一次舉辦的「華文教師研習營」。

來自南非開普敦、約翰尼斯堡、自由省、德班的華文教師，濟濟將近90人，其中有的還來自賴索托王國。

在南非的一星期，同樣的，許多父母、老師的煩惱，總是離不開青春兒女戀愛的對象，以及青春期兒女的叛逆思維；不肯聽話、不願依爸媽的意願做事，甚至說，那都是華人文化老古板的思維。

其實在巡迴美國、加拿大東西岸四次的教學講演中，也同樣會有許多身為教師的父母親，在課後對我提及兒女青春期談情說愛的狂熱，讓為人父母的實在既憂心又不知所措。

記得第一次到芝加哥，在聽課的教師群裡，欣然遇見昔日大學同學。課後，她請我喝咖啡。

剛開始，她喜洋洋的述說她那17歲的女兒如何高票當選學生代表，也參加了好幾個社團，表示孩子已能完全融入洋人的世界。

突然她壓低了嗓子，嘆了一口氣，悄悄的說：「前幾天她跟同學參加了夏令營，也去游泳。回來洗澡時，我這老媽就忍不住的偷偷看她……」只見她停頓了一下，笑著對我說：「可不是我這老媽變態哦！只是我實在很擔心她，成天跟那些洋男孩、洋女孩在一起，怕她不小心就『越界』了。」她皺緊了眉頭。

「你知道嗎？穿泳衣游泳、曬太陽，肯定會有肩帶留白的地方。」她掩起臉頰，語帶顫抖的：「但她不只沒有肩帶的痕跡，更是全身上下膚色完全一樣！這不就表示，她跟同學是裸泳的嗎？」她接著道：「移民到國外，我們當然高興她能融入西方文化，能自然和諧的跟洋同學相處，可是洋人衣著、言行的開放、百無禁忌，實在不是我們這來自傳統中華文化的家庭能接受的。」

同學長長地吁了一口氣，才接下說：「我還真擔心她將來交個酗酒、吸毒的帥洋男當男朋友，到時候該怎麼辦？」

移民國外，不管是北美或南半球，相信每個家庭都有他們各自的期盼與計畫；不論國內外，每個有青春兒女的家庭也終將會面臨兒女的成長、兒女情愛的喜悅與困擾。

無論是面對兒女青春期的彆扭情緒，或是發生在兒女們身上的奇特際遇，父母親們總有著各式各樣不同的煩惱及憂慮。想破解這一切「麻煩」的唯一密碼良方，我想就是找個輕鬆悠閒的時間，親子之間彼此敞開心胸、坦誠相待，來個優質溝通。

天涯飄零姐妹花

世界第一大都會的紐約，地下鐵總共有三層，每天載運的進出人次超過兩百萬。不過，在紐約地鐵內發生的犯罪案件之多，治安之惡劣，卻也和它具有百年歷史、規模龐大的聲名並駕齊驅。

從住宿的法拉盛區喜來登飯店，搭地下鐵前往曼哈頓商業街，身材高壯、亦步亦趨，熱心的陪伴在我身旁的「僑教中心」張組長，在地鐵將進站時，都不忘仔細叮嚀我：「背包一定要斜掛在前面。哦，挑人多的車廂坐比較好，也比較安全。」

張組長一家在紐約住了快二十年，不只中、英文流利，連廣東話、臺灣話也是說得呱呱叫。走在法拉盛區的唐人街，沿途只見許許多多人跟他打招呼說「哈嘍」。

紐約是我這次美國、加拿大東岸七大城市，華文教學巡迴的最終一站。在研習營結束的時候，我身旁仍留著幾本隨身攜帶的《千家詩》、《成語故事》、《兒歌民謠集》；結果張組長立即熱烈「推薦」一對姐妹花，說我把這些書送給她們最適宜了。

就在揮別紐約的最後一個夜晚，在住宿飯店旁的一家臺菜小館，我見到了這對姐妹花。

姐姐長髮直垂披肩，白皙瓜子臉配著一雙丹鳳眼，非常漂亮，娉婷個子看似嬌弱，卻可以左右手同時端起兩道熱氣騰騰的大盤菜。看著她那優雅、無法被油煙熱菜掩蓋的天生麗質，我不禁心想：這樣的好女孩，怎麼會跑來做這麼粗重的工作？

張組長告訴我，女孩本來在伊利諾州的芝加哥大學念音樂，兩年前左右，帶著剛從小學畢業的妹妹來到紐約。

為什麼兩姐妹要離開芝加哥來到紐約？張組長說，有一回在「僑教中心」，遇見幾個從芝加哥來旅遊的年輕人，大夥兒聊起天才知道，他們全都是來自臺灣的留學生，曾和女孩同在芝加哥大學念書。女孩的身世和故事也因此才揭曉。

18歲花樣年華的女孩，飄洋過海來到伊利湖畔的芝加哥市，來到這個陌生又大半年都冰天雪地的他鄉異地，據說書還沒念入門，卻先陷入了一場異國戀情。

也許是東西文化觀點上的差異，也或是彼此都太年輕，原本在留學生圈轟動「演出」的戀曲，竟不到兩個月就匆匆落幕。很快的，洋男孩在校園裡，臂彎擁攬的是另一個金髮女孩。由原來的沸滾熱愛一下子沉淪到冰點，沒多久，女孩生了場大病，學業也因此中斷。

真相的背後

大概就是因為這段傷感的戀情，促使她帶著妹妹離開芝加哥來到紐約。紐約是「冠蓋滿京華」，得意者的天堂；卻也是流浪漢、失意者「斯人獨憔悴」的地方。

紐約的物價指數向來在世界排行榜中高居不下。女孩辛苦的帶著妹妹，好不容易才找到在中式餐館端菜、倒茶水的服務生工作，勉強租到一棟廉價公寓中的小套房，地點卻十分靠近龍蛇混雜的哈林黑人區。

有一回，女孩突然連續請了三天假，回來上班時，竟已瘦了一大圈，臉頰上留著一大塊瘀青，脖子上還綁了一條絲巾。原來女孩在下班途中，差點被一個黑人拖到暗巷強暴；雖然受到驚嚇，也受了皮肉傷，但能活命逃出也算幸運了。

忍不住問：「為什麼不乾脆回臺灣呢？」

「據說她們的父親這幾年跑到大陸做生意，很忙。媽媽怕先生在大陸養小三，於是帶著小兒子趕去『坐鎮』，恐怕沒什麼心思管這兩個女兒了。令人欣慰的是，她那妹妹目前的成績可是全校第一哦，很光榮的——」張組長說到妹妹的功課，原本低沉的神色，方才閃了些光芒。

遠遠凝望女孩穿梭在人群間瘦弱的肩頭，不禁想著：多少個與她同齡的臺灣女孩，不論是走在校園或街頭，顯現的總是青春活潑，快樂又美麗的模樣；然而為了實踐父母理想的生涯「規劃」，這對姐妹花卻仍得在天涯異鄉苦飄零。

─會思想的蘆葦─

有好幾年的暑假，我代表僑委會和教育部為「海外華文教師研習營」教授中國文學流變史，將文學結合歷史典故、成語小品。走遍了美國、加拿大東西岸二十多個都會，也到過澳洲、紐西蘭、阿根廷、巴西、巴拉圭，再加上南非與法國，可以說接觸了無數中華兒女，也傾聽了散居世界各地中華父母的心聲。我深刻的發現，如果父母和成長中的青春兒女彼此情感溝通不順暢，也就成了親子間最大的障礙。

你要我這樣，我就偏不喜歡；你不准我和洋人、黑人、印度人交往，我就偏愛。這一切其實是青春兒女對父母權威的另一種抗爭，也是普天下青春少年、少女的特徵與共同點。

青春的容顏、驛動的心，不論是在臺灣或天涯海角哪一個地方、哪一個國家、城市；天下的青春兒女，其實都是一樣的。

烏龜真能跑得贏兔子？

春山煙欲收，天淡星稀小。殘月臉邊明，別淚臨清曉。語已多，情未了，回首猶重道：記得綠羅裙，處處憐芳草。

牛希濟〈生查子〉

「老師，我是李大樹啦！今天早上剛接到通知，我已經被學校選派前往美國『哈佛』直攻博士。好高興唷！所以趕忙打電話讓老師知道……」大男孩充滿興奮喜悅的聲音，急急的衝出電話筒。

李大樹，天生一張圓嘟嘟的臉，厚厚的大嘴總是掛著滿滿笑意，看起來憨氣十足又充滿親切感。

他是同學們認定的，全班裡最老實的人。因為他只要一聽到有同學說雙關語、黃色笑話，雙頰、雙耳就會立即火紅起來。遇到有老師問：「上星期有沒有說好今天要考試？」全班同學幾乎各個都可以臉不紅、耳不赤的齊聲耍賴：「沒有哇！」唯有李大樹一人會結結巴巴。

同學們都說李大樹天生不會說謊，是現世的「稀有動物」，所以為他取了個綽號：「老實樹」。

大樹高三那年，我擔任他們班的國文老師。雖然，我不是他們的導師，不過班上同學依然和我十分親近。中秋夜的品茶月餅會，我家的客廳裡擠進了快三十個同學；冬至湯圓夜，他們各自帶著碗呀、湯匙的，差點把我家廚房擠「爆」了。

大樹讀的這個班級，在校內、校外名氣都很響亮，因為它是全年級數理科資優生的「總集合」；班上同學要不是資優保送入班的，要不就是來自國中跳級直升的學生。

在這樣全國聞名的明星高中特別班裡，每個同學的背後似乎都堆滿了各種獎狀、各式錦旗及獎盃；每位同學彷彿都是身懷十八般武藝的「武林高手」，而當這些來自各縣市不同國中的頂尖菁英聚集在同一班時，就好似武林間的各路「大俠」齊集「華山論劍」一般，每張18歲的青春臉龐上總是洋溢著滿滿的自信和喜悅。

在大樹這般智慧、聰明並不特別過人，外表也並不特別英武、俊帥，再加上成績始終無法在全臺灣性的競試裡名列前茅的條件之下，想要在這特殊的班級裡「出人頭地」實在很難。

而他除了學業、外貌，無法跟班上「英才輩出」的同儕齊肩並馳外，那說起話來結結巴巴的習慣，也是另一個「罩門」。

值得欣慰的是，他頗有自知的機智和寬厚、開放的胸襟，所以在扮演「英雄」不成的情勢下，卻也適當的抓住了「丑角」的地位；當被同學消遣、開玩笑時，他總是嘻笑如常，廣結善緣。

有一次放學時，我請他幫我收同學們的作文本到辦公室，在與他談天說話時，我方才得知，原來大樹家就在環河南路果菜市場後的窄弄裡。爸爸幫人修改衣服，維持家計，而媽媽除了燒飯煮菜外，也外出幫人整理家務、打掃屋子；大樹是家裡唯一的男孩，後面緊跟了三個妹妹。

「老師，不瞞您說，我有時心裡也會很『鬱卒』，覺得班上有好多同學，好像都不必怎麼念書，就可以輕輕鬆鬆，考出很神勇的成績，而我念得好累好累，卻還是像隻小烏龜，只能跟在後面辛苦的爬……」男孩說著說著，眼眶就紅了起來。

第一次，在男孩向來愛笑的臉上，我深刻的讀到他的無助、無奈和落寞、孤單。

說一個森林裡的故事

「在森林裡，不論是老虎、獅子、猴子或長頸鹿，都各自擁有自己的優點和缺失，而在人的世界裡，其實也沒有兩樣。能夠把握住自己的特長、認清自己的前途方向，懷抱信心和毅力的人，一定可以開創另一片天空。」拍拍男孩的肩頭，我握住男孩的手，這麼告訴他。

「在老師的眼裡，你是一塊未經琢磨的璞玉，未來是無可限量的。只要你肯持續努力，永不放棄，一定會有成功的一天。」我堅定著眼神，為男孩加油。

午後的陽光透過窗戶斜照在男孩的臉龐，我看見男孩緊抿著嘴，正在努力抑止即將撲落的淚水。

真相的背後

大學聯考放榜，大樹雖然沒有像班上許多同學一樣，考上第一志願，不過終也上了臺大的科系。

上了大學的這群孩子，在往後的日子裡，也仍常為我捎來同學的訊息，或跑來學校找我聊天。好多同學告訴我，上了大學之後的「老實樹」，好像變得聰明了，越念越「厲害」，每學期的書卷獎竟都有他。

不過令人難過、遺憾的是，卻也有好幾個在當年表現得十分「天才」的孩子，在隨便考一考，「一不小心」就可以登上大學第一志願，輕易上了理想大學科系之後，卻因為玩得太瘋、混得太凶，以致於沒多久就被教授「當」得七葷八素，被迫降級、轉系，甚至被退學。

老實樹呀老實樹，他終於不再是跟在後端辛苦爬行的「小烏龜」了。想想，人生的路，還真是得靠自己長久揮汗耕耘才踏實；否則，但憑一時聰慧而不能持久努力的話，恐怕也僅能擁有短暫的光芒。

我們相信，生命的可貴乃在不畏挫折、擁有面對失敗的勇氣，且有努力克服的毅力。

只要懷抱真情、執著、盡力，永不放棄，縱使是再泥濘的陡路、狹徑，也終有攀登山頂，明月清風相迎的時刻。

外表憨厚，內心卻腳踏實地、認真奮鬥的老實樹，終也為自己創造了生命的春天。

—會思想的蘆葦—

古典物理大師牛頓曾說：「所謂的天才，事實上是歷經長久的努力、耐苦而形成。」

成功掌聲的背後，往往隱藏著無數挫折與淚水。

所有的芳美果實，都是需要長久的努力耕耘、殷勤揮汗，全心且真情的投入，才有實現的可能。

馬汀．塞利格曼，曾任職美國賓州「正向心理學」中心的主管。「正向心理學」（Positive Psychology）即是以科學方法研究正面情緒、個人優勢和美德，如何有益於人類的健康發展。目前已有超過七十個國家參與國際正向心理學會，會員人數超過萬人。

心理學上，所謂「正向加強」（Positive Reinforcement）理論認為：選擇自己拿手的事物（或學業、科目）來努力，才會輕鬆愉快、無往不利，得以真正發展個人專長，增強個人特質能力；更會帶來特別的附加價值——自信。

一個人越有自信，就越能從挫折、低潮中站起來。

從 Good 到 Excellent（卓越），等同 A 到 A+。

正如晚清民國初年的文哲大師王國維在《人間詞話》裡寫道：「四時可愛唯春日；一事能狂便少年。」意思是一年四季，最可愛的是春天；能為某件事全心認真投入，便成了青春年少。

追求人生勝利、逆轉勝，憑藉的除了正向加強的自信之外，更需要全心全意的投入與勤勉不懈的毅力。

老實樹之所以能創造出自己的春天，憑藉的就是這些難能可貴的特質與元素，猶如鴨子划水般，孜孜不倦的持續努力，保持著「正向加強」的自信與永不認輸的毅力。

相信在這世上不同的角落裡，肯定也有著各式各樣的老實樹，至於能否創造出春天，就全看自己如何掌握了。

面子贏了，裡子呢？

菡萏香銷翠葉殘，西風愁起綠波間；還與韶光共憔悴，不堪看。
細雨夢回雞塞遠，小樓吹徹玉笙寒；多少淚珠無限恨，倚欄干。

李璟〈攤破浣溪紗〉

「老師，這樣找您出來，我實在覺得很對不起您當年對我們的疼愛與教導。可是我又不敢跟爸媽說……說了只怕他們不會相信，說不定還要怪我不懂得做個好太太……」

褐色的超寬邊框太陽眼鏡，幾乎遮住她三分之一的臉龐；初夏午後的陽光透過咖啡廳的落地窗，斜映在她波浪般的披肩秀髮上。

「說他會動手家暴，一定沒有人會相信。上學期他的論文研究還獲選刊登在世界著名學術雜誌上，學校裡的院長、系主任、同事，都在餐會裡拚命向我誇獎他有多好、多優秀，甚至還私下悄悄告訴我，要我多留意，一定要『看住』他。因為有許多女同學深深為他的風采著迷，只要是他開的課，一定瞬間秒殺，堂堂爆滿。」女孩滔滔不絕，說得急切，語氣中卻又若有似無的透著股說不出的得意。

「他在學校裡一派斯文，回到家卻完全變成另一個樣。」話鋒一轉，她的語氣驟降，低沉冰冷。「老師，他會打人。而且從來不打我的臉，總是揪住我的頭髮，只打頭！因為這樣別人就看不到傷痕。」說著說著，斗大的淚珠一顆顆從太陽眼鏡後潸潸然滾落。

「我們從美國回來快四年了，他從助理教授一路升到副教授，已經算是很順利的。可是他一心想要當上教授，所以特別拚，每天早出晚歸，在實驗室裡往往一待就是一整天，回家後動不動就發脾氣，只要一點小事不順他的意，就罵我笨，說我沒見識，甚至當著孩子的面，抓住我的頭髮，一拳往我的頭打下去，嚇得兩個孩子往衣櫃裡躲。」

「老師，我不是沒有工作能力，可是自從結婚以來，他就不准我上班、工作，尤其有了兒子、女兒之後，他更是要求我全心全職守著這個家，照顧孩子。我們住在美國的期間，他很少罵人、打人，可是回到臺灣後，不知是因為壓力大，或是他已經不再喜歡我了，他變得脾氣暴躁、情緒起伏也大，甚至拳腳相向，打我出氣……」她一發不可收拾的宣洩出埋藏在心底多時的痛苦與辛酸，讓我連一句問話的餘地都沒有。

「老師，再這樣生活下去，早晚我會精神崩潰的。這樣的情形已經持續好長一段時間了，這些日子以來，我常半夜驚醒，無法入睡；孩子上學後，獨自在家的我不論是做菜或洗衣服，總是沒有來由的想要嚎啕大哭……我也曾經想過，不如乾脆離婚算了，卻怎樣也捨不得兒子和女兒，他們一個才國小一年級，一個幼稚園大班……他們都還這麼小，如果沒有媽媽在身旁，多可憐呀！」提到一雙兒女，她顯然更難過了，摘下了太陽眼鏡，把整張臉埋在雙掌中，啜泣不已，傷心得連肩膀都在不斷抽搐。

去呀，打「113」提告家暴。最重要的是，一定要保留驗傷證明單，作為他日對簿公堂，爭取兒女撫養權的有利證據。

我親愛的女孩，老師多想這樣回答你。

可是看著你汩汩流下的淚水，想起你一雙可愛的兒女，我還是遲遲沒有說出口。

多令人傷感的初夏午後呀。

女孩昔日青春甜美的可愛模樣，往事歷歷，依稀留存在我心底，如今物換星移，從前的青春少女此際已是輕熟少婦，如此可憐無助的，在我眼前嚶嚶啜泣。

我在想：除了離婚之外，還有沒有更圓滿的解決方法？我是不是應該對你們夫妻間長久以來生活、相處的情況做更全方位、更深入的了解？為何一位在外溫文爾雅的學者教授，回家之後卻會搖身一變，成為暴力人士？如同假面般的雙重人格又是如何形成的？

猶記得三年前在凱悅飯店餐聚，你親密的抱著女兒，而他一派英挺瀟灑的牽著兒子，頂著美國常春藤名校的博士光環，以歸國學人之姿帶著你和兒女回到臺灣，即將到一所國立大學報到、任教。你們郎才女貌，如此登對，看起來是一雙多麼令人欣羨的神仙眷侶呀！

初為人婦、為人母的喜悅，洋溢在你嬌豔如花的亮麗臉龐上，你笑盈盈的對我說：「老師，他也是建中畢業的哦！可惜沒被你教到。」

當時，看你笑得露出一雙小梨渦的燦亮笑靨，讓我感覺到所謂的王子、公主的幸福就深藏在那甜美的梨渦之中。

沒想到，不過三年多的光景，甜蜜的梨渦不再，你卻被捲入家暴漩渦裡，難道幸福竟是這樣脆弱、不堪一擊？難道王子與公主的美好結局永遠只存在童話幻夢中嗎？

家族包袱與名校情結

女孩是我多年前在一所私立大學兼課任教的學生，她娉婷亮麗的臉蛋與姣好窈窕的身材，一直是眾所矚目的焦點。還只是大一新鮮人的時候，就曾經好幾次被校園星探相中，熱烈邀約拍攝洗面乳、洗髮精廣告。

女孩之所以沒有投入演藝圈，據說是因為家人反對。女孩的父親是臺大醫院裡赫赫有名的醫師，母親則在一家外商公司裡擔任亞洲業務執行長；姐姐是母親臺大的小學妹，是一家大企業法務部的律師，而姐夫不只是醫師，更是女孩父親研究室裡重要的研究員；哥哥就讀的也是臺大首屈一指的科系，嫂嫂則是哥哥的學妹。

好耶，一門裡裡外外全是「臺大」血統；非臺大人不嫁，非臺大人不娶，似乎變成了家族傳統，牢不可破的「家規」。

從小集萬千寵愛於一身，最得全家人疼愛的「小妹」，偏偏最不拿手的就是「考試」；大學重考了兩次，最終只考到臺北市近郊的一所私立大學，念的是應用商業類的科系。大一還沒結束，她就因聯誼活動遇見一位就讀市立大學體育系的男孩，兩人很快的墜入愛河，展開交往。

女孩曾緋紅著雙頰，喜孜孜地跑來跟我耳語：「老師，從小到大，我都沒有這樣快樂過。跟他在一起，我覺得好開心，他沒有汽車，但是有摩托車，他載我上擎天崗看星星，我覺得自己是世界上最幸福的人。」

當時看著女孩迷濛著雙眼、滿心歡喜的模樣，我卻莫名想起女孩的臺大「家世」、臺大「家規」，隱隱約約為她的戀情感到憂慮。

大一方才結束，大二尚未開學。有一天，女孩突然紅腫著雙眼，哭哭啼啼的跑來跟我告別，說爸爸已經幫她辦了休學手續，哥哥和姐姐即將聯手「押」她到美國讀書。

女孩在家中是備受疼愛的小公主，沒考上家族「傳統」的臺大也就算了，現在竟然跟一個普通大學體育系的男生談戀愛，無非是對她的家庭投下一顆「超級震撼彈」。

一得知這訊息，家族內上上下下，不論是尚未成婚的，或是早已各自嫁娶的，全家立即歸隊，同心協力，務求及時撲滅這「愛戀」之火。

女孩離開臺灣前往美國後，不到一年時光，我突然接到女孩從波士頓寄來的喜帖，告訴我她要結婚了。

讓我印象深刻的是，女孩的大紅喜帖上特別標註了一行小字：新郎〇〇〇畢業於臺大〇〇系，美國耶魯大學博士。

哦，小公主沒考上臺大，但最終也嫁得臺大人，而且對方還擁有著響噹噹的美國大學博士學位。

真相的背後

面對女孩的哭訴，我的內心既憤怒又沉痛。回想起女孩初戀的喜悅、與體育系男孩的被迫拆離，接著是海外匆匆結合的婚姻、傷痕累累的家暴，彷如一齣起伏跌宕的八點檔戲劇，在在都讓我痛徹心扉。感情的事，誰愛誰，誰不愛誰，又或是誰辜負了誰，認真追究起來其實並沒什麼道理，外人更難以論斷孰是孰非。

但男女間交往不管是愛或恨，不論有怎樣的名譽、利益考量，只要暴力相向，就是不對。更何況是結縭夫妻，身為孩子的父母，怎麼可以用揮舞拳頭來紓解壓力、發洩情緒？

「迷信」名校頭銜，甚至將名校情結投射到愛情、婚姻裡，這樣的愛情或婚姻，也就無形地摻入不少「雜質」，不再真實、純粹。

男女雙方在情愛的交流裡，理當建立在平等、誠信上，而不是拿財富、外貌、家世、學歷為主要考量，更不是暫時性的各取所需、任性兒戲；否則，一旦日久生厭，開始吵吵鬧鬧、分分合合，最後卻造成彼此身心受創，虛擲歲月，誰也不是贏家。

—會思想的蘆葦—

愛情呀，婚姻呀，如果只以「名校」、身分地位為交往條件，以身家背景、財富多寡為唯一評量，而忽略了對方真正的個性、人品、價值觀、理念或不同的宗教信仰；這般外表看似亮麗光鮮的假相愛情、假面夫妻，又怎能期待它甜甜蜜蜜、地久天長？

擇我所愛，愛我所選，這樣的感情才是心甘情願、充滿自主與自信。

青春男女在面對感情、婚姻時，請靜下心來認真想想：究竟是衷心欣賞對方、彼此心靈相通，抑或只是「迷戀」對方校服上繡著的建國中學、北一女中或臺大？清大？

親愛的為人父母者，更當理解婚姻乃是「終身大事」，關係著兒女一輩子快不快樂、幸不幸福。如果強勢決定兒女的婚姻，且以所謂的「名校」為唯一條件，未免也太違反人情、虛榮逐名得過火了。

當名校情結不期然遇上愛情、婚姻的難解習題時，莫忘了以清明的高EQ來解碼。

誰要吃建中明道樓豆沙包？

星斗稀，鐘鼓歇，簾外曉鶯殘月。蘭露重，柳風斜，滿庭堆落花。
虛閣上，倚闌望，還似去年惆悵。春欲暮，思無窮，舊歡如夢中。

溫庭筠〈更漏子〉

那年，是我從臺灣師範大學畢業的第三年，我從當年臺北市最負盛名，只招收男生且有建中「先修班」之稱的大同國中，應聘調升建國中學任教。

記得在接聘書的時候，校長要我先到校長室報到，身材十分高大的校長，神情莊嚴的對我說：「你知道能來這所學校有多不容易嗎？」

他老人家一面說著，一面拉開他辦公室的抽屜，指著裡頭說：「你看看這裡有多少推薦函？不止一、兩百份吧？」

我探頭看了看，長方形十分深厚的抽屜裡，果然塞著滿滿的文件。

「我們現在有日間部、夜間部和夜補校，全校學生六千多人，今天聘你任教日間部，而且還擔任導師的職務，表示你是如何受重視的。」

聽到這位擁有榮耀盛名的教育學家校長的話，我也不禁莊重認真起來，內心暗暗告訴自己：「校長，我會努力認真，絕不會讓您失望的。」

到教務處領取課本教材的時候，白髮皤皤的教務主任對我說：「陳老師，你可是打破我們建中紀錄的！」

起先，我聽不懂他的意思，後來才明白，原來他指的是我太年輕了。才剛度過25歲生日的未婚女孩，要教的卻是一群高頭大馬，16至18歲的大男孩。在這所古老、歷史悠久，名聲一直是全臺首冠的校園裡，確實是史無前例，從不曾有過的。

以一個毫無家世淵源背景，又沒有教育界高官援引，卻只憑一股勇氣、熱情，和兩本在報紙論述當前教育的個人專欄，集結而成的著作，我成了建中紅樓校園裡年紀最輕的老師。

開校務會議時，一眼望去幾乎全是男老師，女老師是少數中的少數，我還發現有好幾位年長女老師，穿的就是我在電影裡看到的，「抗戰」時期那種深藍、丹青色的寬旗袍。全校只有兩間女廁所，有位大姐老師還悄悄告訴我：「放學後到學校旁的美國新聞處，那裡的廁所比較乾淨。」（當年的「美新處」，現在已改為「二二八紀念館」。）

不否認，當時除了自信滿滿之外，內心甚至覺得很驕傲、很得意，自以為「天下無敵」。

在大同國中任教的那三年，我是作風十分強勢、驃悍型的老師；也因此我擔任導師的班級，除了整潔、秩序，樣樣拿全年級第一外，連學校段考的成績也是勇冠「三軍」、百戰百勝。而這一切的成果呈現，其實主要建立在我「全日陪」的瘋狂投入中完成。

通常早上七點二十分以前到校，先帶全班學生跑一圈操場，然後大家洗手、洗臉，接著再回到座位，我則全神「盯」著這群半大不小的男孩，務必安安靜靜早自習看書；中午，帶著母親為我做的飯盒，在教室裡、講桌旁和學生一起共進午餐；一直到下午五點鐘，親眼看著每個孩子跟我揮手道別回家，我方才離開學校。

如今來到建中，我當然很自然的把那套「嘮叨大母雞」似的帶班風格，全盤移植到紅樓校園。但是，光是晨跑這件事都還進行不到兩星期，每次，幾乎全班都擺「臭臉」給我看，而且一邊跑，還一邊聽到他們嘴裡喊著：「三八、三八婆！」

很快的，我得到全班「民怨」的反彈，也暗暗的感覺到——面對這群來自臺灣各縣市的菁英少年，我是踢到「鐵板」了。

就是不吃你的包子

沒多久，迎接校慶的全校壁報比賽展開了。

我立即構思，成立七人壁報小組，決定做一個立體電動大型的臺灣，呈現的是正在進行中的十大建設。特地叮嚀他們，一定要到後火車站太原路上的宣紙店去買材料，因為那裡的紙最漂亮也最便宜；同時還為他們畫了地圖、寫上地址、店號，也標示了公車行進路線。

結果呢？等了兩天，他們才終於動工開始做了；卻發現，他們竟然完全不用我苦心設計、安排的彩色宣紙。

週六開班會時，我氣呼呼的把那七位負責製作的同學叫了起來，大聲的說：「連這麼一點小事都辦不好，將來還能做什麼？」他們一個個被我罵得低下了頭。

校慶前夕，壁報比賽前的夜晚，參賽的班級通常都要有人留在教室守夜。正當理由是必須看守壁報，以免遭人嫉妒破壞。其實，骨子裡想的卻是難得可以有機會不回家，更可以跟班上好友聚在教室裡通宵聊天、煮火鍋、打橋牌，多開心呀！

那個夜晚，我特地向學校附近寧波西街上有名的「四海點心店」，訂了五十個熱騰騰的豆沙包和菜肉包；同時找了男朋友幫我一起提，想親自把那熱呼呼剛出爐的包子，送到每個孩子的手上。

進了明道樓，走入教室，好多同學見了我都驚叫歡呼起來，笑開了嘴，伸手拿起包子就咬，卻唯獨有七、八個同學，突然站起來，瞪了包子一眼，刷啦——轉身就一起走出教室；留下我，錯愕的捧著熱呼呼的包子，望著他們的背影離去。

真相的背後

不忘記，在橫越建中當年那片狂沙遍野的操場時，眼淚忍不住撲簌簌的從眼眶、面頰、衣襟流下，直直滾落在黃沙中。

在這之前，不管是在大學或進入杏壇教書、在報紙副刊寫專欄，同時兼任報社兒童、青少年版的主編，我一直習慣於讀書風光得意、寫作出書順利，工作也適意的情境中；在眾多掌聲、讚美中，可以說是從未嘗過被排斥、拒絕的滋味。

而現在，討厭、嫌棄我的，竟然是我最在乎的——學生；第一次，我嘗到了被拋棄、被傷害的感覺。

「不要理這些不懂事的臭男生！不哭，不哭！讓我幫你把那些包子統統吃掉——」當年的男朋友，也就是我婚後的另一半，「義憤填膺」的為我努力吞下了好幾個包子。

回家後，我又哭了。只是在傷心痛哭之後，開始冷卻激動的心，開始反省回想，這幾個孩子為什麼會故意「狠心」不吃我的愛心包子？

哦，我想起來了，那幾個孩子全是被我公開斥罵過的壁報小組成員。我那樣的責罵，那樣的主觀要求，卻也真實、深深的刺傷了一群成長中、愛面族的少年。

第二天中午休息時間，我找了這幾位同學來到辦公室寂靜的角落。

「幹麼呀，生氣了？不吃包子也要被罵哦？」

「欸——該不會是不吃包子就找人記過吧？」

隱隱約約聽到幾個男孩在辦公室門口嘀嘀咕咕的，推來擠去，就是不太願意走到我身旁。

「老師今天找你們來，主要是——我要跟各位道歉。其實，你們的壁報做得非常成功、非常好。雖然，你們並沒有按照我的方式去做，可是你們依然做得那麼出色，這也充分展現了各位的才華。」我說著，然後看到這群少年，一個個把眼睛睜得大大，有的還驚訝萬分般的半張開了嘴。

—會思想的蘆葦—

經歷了這次「包子事件」，我告訴自己：今後不管是在教學上或為人處事態度上，一定不忘記，要隨時保有一顆自我反省的心，隨時保有同理心；願意看見自己的缺點，而且勇於改過。

一九九三和一九九四年的暑假，我代表教育部、僑委會到美國、加拿大幾個重要都會，擔任「海外華文教師研習營」的巡迴講師，不管是到紐約、舊金山、洛杉磯、芝加哥、奧蘭多、華盛頓、西雅圖、波特蘭、卡加力、多倫多、溫哥華，總有學生透過「世界日報」的報導而組隊前來「探班」；同時兼任導遊、帶我吃大餐。

兩度路經德州休斯頓，當年不肯吃包子的幾個好小子，竟然湊巧幾乎全集中在德州，有南方「哈佛」之稱的「瑞斯」大學念太空博士。

記得在臨別前夕的盛宴裡，阿宏與大萬高舉著紅酒，站起來說：「老師，您是我們所遇見過，唯一會跟學生說抱歉的老師，您讓我們終生難忘——」話音未落，準博士好小子竟就嗚咽了起來。

結果那個夜晚，我們師生在距離建中校園萬里之外的異國他鄉，在美酒香花、小提琴伴奏下，有笑有淚，痛快的大哭了一場。

建中、明道樓、豆沙包，你幫助了我的成長；如今一轉眼，星光歲月嬗遞中，在這校園已歷經了四十個寒暑。

人生最絢麗的青春歲月，我都在這裡度過，紅樓迴廊的朗朗讀書聲，都是我今生最美麗的典藏。

當狂狷才子必須重考時

生年不滿百，常懷千歲憂。
晝短苦夜長，何不秉燭遊？
為樂當及時，何能待來茲？
愚者愛惜費，但為後世嗤。
仙人王子喬，難可與等期！

〈古詩十九首〉

人到了一定年紀，就會開始思考一些生與死的問題。在這之前，想的只是關於生，在這之後，才會將死一併思慮。當然，年紀太小的小朋友什麼也不用想，成天只需煩惱如何將今天過完。而我很自然的叫那些小學生、國中生是小朋友，卻在便利商店聽到櫃檯店員稱我「先生」之時，方才驚覺，自己似乎已經到了那「一定」的年紀。

這年紀，有些人來得比月曆上早些，有些人來得比月曆上晚些，但在我們的法律上，將之定為18歲。

18歲，聽起來好遙遠、好夢幻、好禁忌。以前我總這樣想，那似乎是一種端頂，未爬到之前，總是對之充滿期待；之後卻又萬分恐懼，擔心自己落下得太快。這種矛盾的心理，是時間註定的必然，抑或人類的自作多情？在我奮力往那禁忌端頂上探窺之時，「閒逸」二字已慢慢離我而遠去。我已無法體會什麼叫「無聊」，卻越能咀嚼李白「浮生若夢，為歡幾何」的無奈，以及孔子觀瀑時「逝者如斯」的悲嘆。

以前讀古文，總笑那些迂腐文人無病呻吟、矯情做作。我曾揶揄李白自以為是的浪漫、自認看淡了生死；我曾懷疑過孔子的「死生亦大矣」僅是課堂上對學生空談的道理；我曾鄙視王禹偁在〈黃岡竹樓記〉裡，不過受那一點舟車勞頓，就悲歌自己命不久矣的萎靡。

但是，這一年來上國文課，讀古文，竟是越讀越能體會人們對於時間的珍惜以及對於生命的憧憬，以至發而為文，流傳千古。三代秦漢如此，魏晉隋唐如此，宋元明清如此，乃至中華民國裡，小小臺灣島上小小的我，在乍然領會王羲之〈蘭亭集序〉那種「一死生為虛誕，齊彭殤為妄作」的情感之時，彷彿就覺得歷代文人與我，隔著時光洪流，相互輝映。

古文，對於國中生太沉重，高中生太朦朧，但是在即將探上端頂前的剎那間，卻是最美好的警言。

18歲，聽起來好遙遠、好夢幻、好懷念。

以此紀念性的一刻，為本學期週記的開端，在我生日前夕，九月十五之夜。

這是多年前，一名即將18歲的少年所寫的週記。

我先祝他生日快樂，迎接亮麗健康的18歲，且告訴他：「每每閱讀你的文字，就彷彿在欣賞一幅美麗的名畫，又似在品味一篇深富哲理、筆調優美的散文。」

胖胖的他，笑起來好似一尊彌勒佛。如今，他已是一家大型教學醫院的婦產科主治醫生。記得七年前的十二月三十一日，他特地從臺中北上，請我上街吃大餐、陪我看跨年煙花。

那天下午，我邀請他進入教室裡，跟學弟們談談讀醫科、當醫師的心得。結果學弟的第一句問話，竟是：「請問學長值班急診室，有沒有被追打過的經驗？」

結果，他笑開了嘴，直道：「我跑得快呀！」引來學弟們哄堂大笑，他也兀自笑瞇了眼。

馬祖北竿風很大，很冷，卻是情很深

老師，您好：

十年不短，它可以讓牙牙學語的幼兒長成不識愁滋味的少年；也可以讓一個浪漫的織夢青年，成為一個務實練達的成年人。離開建中十年了，回首遙望紅樓，竟恍如隔世。

猶記得當年高三24班，您帶領我們這群小大人，在大學聯考的巨大壓力下，一步一腳印地為我們的國文向下紮根。在您的鼓勵下，我放下桀驁不馴的牛脾氣，勉為其難的背誦起蘇東坡的〈赤壁賦〉、李斯的〈諫逐客書〉；而在這之前，我曾被高二的國文老師痛斥為「藐視師長」，因為我屢次在默寫考試上繳白卷。

我就是不肯背文言文，我覺得自由的文字才是活的文章，拾人牙慧算不得什麼。然而，在高三時，我卻開始對國文認真；雖然您編撰發給我們的課外講義超級多，我卻開始喜歡起國文課。

不知多少次從您家將作文簿抱回班上，在路上便迫不及待的想看您對我的文章有什麼評語。我是在您的鼓勵下，建構起國文的信心；更沒想到，日後我會如此需要它。

在建中三年，我的重心不在課業，而是在合唱團；我擔任指揮兼團長，說服自己設下較低的標準，情願遠離醫學的夢想。聯考放榜後，我考上清大應用數學系，在電腦語言中痛苦了三個月，終於承認生命科學還是自己的夢。

於是我辦了休學，準備重考，結果考回臺大醫技系，雖然離醫學系又靠近了一些，然而醫學的夢仍在腦海；於是一面念，一面奮戰於圖書館書海中；第三度再考，進步了點，考上了中山醫學系，我仍是去念了。燈紅酒綠的臺中，三步一家、五步一店，遠遠散發著粉味的理容院，實在讓我非常不喜歡，可也更下定決心回臺北。我一面念，一面同時準備聯考，堅持不上補習班；第四次參加聯考，考上了北醫，我終於回到臺北了。

在父母無條件的體諒與支持下，一個在高中畢業時，信誓旦旦絕不重考的狂狷少年，卻成為四度聯考的人；從前自以為是的「才子氣焰」，早已煙消雲散了。

今年夏天，我在臺大醫院結束了實習，也順利考取醫師執照。十年來，為的就是這一刻，看似坎坷曲折，但我深知生命是被淬礪過的。

來到馬祖當醫官已三週。在這美麗、寧靜的島上，我每天都能在遠眺臺灣海峽時，好好回憶自己生命中值得感恩的人事物。

我想，有赤子之心的老師，才能洞悉我們這些半大不小的青少年易感的心；我當年嘗過年少滋味，如今記憶猶新。

這些年來，每每在報章雜誌上看到您的文章，彷彿就能聽到您那有些孩子氣的說話方式，以及您那顆熱切的愛心。

記得有一次上課時，您對我們講起那個在景美女中時代的您，因為害怕而把生物課本裡的蛇呀、蜂窩等圖片，特地用紙貼起來的事。我至今仍清楚記得，班上許多同學聽到時眼睛立刻亮了起來，馬上有人快手快腳的拿出生物課本，翻到爬蟲類那一章，故意遞到您面前，興高采烈的問：「老師，是這個嗎？」然後，大家紛紛睜大眼睛，想看您驚嚇的表情。

老師，您還記得我們這些「大逆不道」的事嗎？

從我工作的醫院，望出去是蓊鬱樹林後的粼粼波光，望不見海峽另一頭那些愛我的人，與我愛的人；但是在海浪瀲灩中，我總能看見一些，在我生命中扶持過我的親愛面孔。

冒昧的寫給老師這封信，為的是表達一份長久的思念和感謝，附上一張醫學院畢業照，已和建中高三時大不相同……

在強烈高壓寒流來襲，氣溫急驟下降的初冬清早，我看到大男孩寫滿的整整四張信紙，來自馬祖北竿的長箋。

真相的背後

馬祖北竿的男子退役返回臺北後，輾轉從同學的耳語間傳來他生病的消息。後來呢？康復了嗎？沒想到竟有同學告訴我：他「走了」。

這到底是真實的，抑或是假消息？

那段時間我一直好忙，除了忙著教學之外，還主編報紙的青少年版、兒童版、上電視節目，也主持廣播；課餘時間又經常應邀赴軍警政單位、學校、民間團體四處奔波演講。

也曾應軍方邀約，前往金門、澎湖、馬祖的北竿、南竿巡迴演講。到北竿的時候，令我格外想念起那個大男孩。可是透過Google找不到他，問了一些同學也得不到他的消息；難道，這樣純良、多才的人，就這樣消失在這世上了嗎？

終於在二〇二〇年的秋天，我在FB上發出尋找他的訊息，更透過全球建中校友會，機動協尋。很快的，我得到了回應。他仍平安在世上，只是多年前移居美國行醫。

欣慰懸掛在心底多年的遺憾、疑問，終於得到了美好的答案。

—會思想的蘆葦—

兩篇手札心得，一個來自18歲少年之筆，一個來自28歲的成年男子。

18歲的心情與28歲的心境，究竟距離有多遠？

一個當年被視為才華洋溢的紅樓才子，卻在辛苦的歷經了四次的大學聯考，方才尋覓到自己的方向、自己的夢想。

萬幸的是，這樣顛簸曲折的少年路，終也琢磨出一個有情有義的好男兒。

親愛的孩子，謝謝你。

若有人問我，在教學路上走了數十年，在歲月嬗遞、星月流轉的建中紅樓裡，為什麼我能始終充滿喜悅、滿腔熱情？

我要說，那是因為你們常常給予我鼓勵。像這樣不經意的、滿載深情的文字，是多麼讓我暖意洋洋、溫馨深深。

第2章

無可選擇的家庭仍有愛

撕裂的不只爸媽的婚姻，還有孩子

多少恨，昨夜夢魂中。還似舊時遊上苑，車如流水馬如龍，花月正春風。

李後主〈望江南〉

老師，我是周健雄，是您在大同國中時候的學生，就是那個一天到晚找人打架、上課看漫畫、用橡皮圈彈人，曾經讓您最操心、最頭痛的「北極熊」啦！

我來到美國已經快十二年了，大部分時間都在賓州，不過目前人在芝加哥的貝爾研究室工作。我六年前拿到博士，不久後就和清大的學妹李瑋結婚；兒子今年4歲，我太太已經開始教他背唐詩三百首了。（附全家福

照片一張）

這些年來，不論是在讀大學的時候，又或是在金門當兵時，我有好幾次都想寫信給您，想告訴您北極熊已經和從前不相同了。可是又想，我也只不過是考了個國立大學、上了個研究所，又有什麼好炫耀的？老師都已經離開大同到建中那麼多年了，相信比我更得意的弟子多的是。告訴您哦！我有好多次都在電視上看見您，或是在收音機裡聽到您在談青少年問題，老師，您的模樣、您的聲調還是和從前一模一樣，完全沒變耶！

上個月，媽媽和黃叔叔到加拿大玩，特地繞到我這兒住了一個星期。黃叔叔看起來對媽媽很體貼，媽媽對他也很溫柔，兩人似乎非常合得來。

至於爸爸，他則計畫在耶誕節的時候陪我們全家去佛羅里達州的迪士尼度假。爸爸說再過幾年他就可以退休了，到時候他要四處旅行、拍照，還要去公益團體當義工；和媽媽分手後，爸爸一直沒再婚，可是看起來卻比從前年輕。對了，他現在每天都跑去教人練氣功，是免費的哦！

老師，有時想想爸媽的婚姻變化，身為兒子的我，還真有股說不出的滋味。這麼多年過去了，我始終非常感激您，要不是有老師當年對我的關懷和包容，我想我早在國中畢業前就跑去混幫派、當流氓了。

那時候，每天回家就看到爸媽在吵架，鬧到最後往往是爸爸吵不過媽媽，就開始摔東西、踢桌子，然後媽媽就嚎啕大哭，一邊抓著我，一邊大罵爸爸「不要臉、沒良心」……

這是什麼日子嘛！那時候我真想揮動拳頭，乾脆把世界毀掉算了！

今年八月我到亞特蘭大開會，結果看到「美南新聞」中文報上說您來美加巡迴做中文講學，正在德州休士頓講課。老師，我當時真想立刻丟下會議，第一時間衝去找您。老師，不曉得為什麼，年紀越增長，我越會記起您的好……

周健雄，同學們叫他「北極熊」，每天中午吃飯時常拿人雞腿、叉起別人飯盒裡的蝦子張口就咬，總鬧得全班雞飛狗跳。身材壯碩的周健雄，現在竟然都已經結婚生子、拿到博士學位、任職於知名的研究單位了。

23歲，師大畢業後結束實習的第二年，我來到只招收男孩、擁有三、四千名男生的臺北市立大同國中，擔任二年級的國文兼導師。

為了建立起美好的班級氣氛與良好的師生關係，我特地要求每個孩子寫日記，希望透過日記作為溝通橋樑，能更了解他們心底真正的聲音。

我說：「如果一開始不太會寫，那就寫個一、兩句也可以。」

「寫日記，是天底下最無聊的事！」

「昨天，我整天在放屁。」

「今天歷史老師放了一個大臭屁！」

「我討厭愛哭鬼！不論男女都一樣愛哭、愛鬧脾氣！」

連續好幾天，這隻頑皮的北極熊毫不掩飾的表現出他的固執和火爆，從他簡短又潦草的文字中，可以清楚感受到這孩子不快樂的內心世界。

「健雄，生物老師說你在上課時，公然打王逸成，有沒有？還用橡皮圈彈朱品翰，是不是？」

「物競天擇啊！誰教王逸成沒本事還敢管我？朱品翰活該啦，也不掂掂自己幾兩重，居然敢在旁邊幫腔。」

瞧他抬頭挺胸、顧盼自雄的樣子，頗有向我下「戰書」的意味。好，老師暫且放你一馬，假以時日，我一定會「收服」你這隻北極熊！

第二週，我終於發現，他是全班唯一沒帶飯盒的孩子；每當午餐時間，他總是滿場飛舞，四處「捕抓」同學飯盒裡的美味菜餚。

飯盒的故事

在一個放學後的黃昏，我特地將「北極熊」找來辦公室。

「是不是媽媽太忙了，沒時間為你做飯？」

「哦，她呀，每天哭都來不及，哪有時間做飯？」只見他雙手交叉放背後，撇了撇頭，大剌剌的說。

「哭？為什麼媽媽每天哭？」我記得在家庭輔導資料裡，男孩的爸爸是內政部高階公務員，母親則是單純的家庭主婦。

「因為呀，風把沙子吹進她眼睛裡，她就變得愛哭嘍！」男孩嘴巴依舊硬得很，滿臉愛理不理的模樣。

從談話後的那一天起，我便請母親每天多幫我準備一個飯盒：一個自己吃，另一個則是給北極熊。

就這麼吃呀吃的，一直「蹭飯」到一個多月後，他才終於悄悄的告訴我，說爸媽大半年來一直在鬧離婚，所以他的心情也一直在「下雨」，由於不開心，當然更無心讀書、寫作業。

「老師，我知道您是關心我的。雖然大人的世界我無法改變，不過，至少我可以改變自己，我已經決定從今以後要好好念書了。」

從沒聽過北極熊這麼溫和的聲調，也從沒見過他臉上線條變得那麼柔和；聽他這麼一說，我竟然感動得快哭了。

真相的背後

學期還來不及結束，北極熊在各學科的表現便起了重大的變化：國文、英文、數學、理化、歷史、地理、公民的成績，一致直線上升、全面翻盤，簡直可說是驚人的逆轉勝。

好幾位任教我班的科任老師，多次喜孜孜的對我說：「奇怪耶，你班上那個愛搗蛋的大塊頭，近來可算是洗心革面，乖多了！不但認真上課，也不再欺負同學，考試成績更是嚇人的突飛猛進。」

是的，昔日那隻眼神中充滿憤怒的北極熊，如今脫胎換骨似的，完全變成了一位知書達理的優秀少年。

至今仍記得畢業典禮上，他代表畢業生上臺領獎，一反身跑下來，當著所有師生面前抱著我，哭得稀里嘩啦，眼腫鼻子紅的模樣。

—會思想的蘆葦—

是誰說過，結婚也許不一定是喜劇，離婚也不表示是悲劇。

俄國著名文學思想大師托爾斯泰說：「快樂的家庭都很相似，不快樂的家庭卻各自有不同的煩惱。」

美國當代婚姻專家華勒斯汀博士，經十二年的研究表示：針對在雙親仳離之後五年、十年和十五年的二百八十五名抽樣訪談中發現，雙親離婚對孩子造成的影響，遠比分居的父母來得深刻。

無辜的兒女往往是父母告別婚姻時的最大受害者。

父母情感的好壞與家庭氣氛的和諧與否，往往深植在兒女內心深處，產生無形的影響，甚至會影響到兒女成長後的行為標準和思考方針。

成人情感世界的經營與結果，應由成年人自行承擔；不論婚姻關係要不要維持，都請務必留意兒女心靈的傷痕。

教宗保祿二世曾表示：「只有家庭可以確保社會的延續和未來，因此透過家庭中每個成員對社會生活的參與，家庭就受召為和平的有力締造者。」

不管從宗教角度或人類歷史來看，可以肯定的是，家庭提供了社會穩定的支柱，也照顧了個人心理和生理的需求；家庭的功能將永遠跟隨著人類，不會輕易消失。

但可以預見的是，在現今個人意識高漲的時代潮流下，家庭型態逐漸產生改變，生活在單親家庭中的青少年必然會有越來越多的趨勢。

身為父母、師長的我們，乃至青少年自己，都應該學習以更多的包容和平常心來看待離異的婚姻。

單親爸爸也有淚

昨夜風疏雨驟，濃睡不消殘酒。試問捲簾人，卻道海棠依舊。
知否知否？應是綠肥紅瘦。

李清照〈如夢令〉

阿孟在作文裡、在生活週記上，最常提及的就是他的母親；「美麗、溫婉又賢淑」，是他最常用來形容母親的文字。

在文章裡只要一說到女性，他一定不忘透過筆尖把母親的種種美好呈現出來；他會說母親煎的魚總是金黃香酥又可口，母親做的菜又是如何的色香味俱全。甚至，他會在一週國內外大事的記事欄裡寫著，為了慶祝雙十國慶，母親帶他去爬山，還吃了「肯德基」套餐。

其實，17、18歲的大男孩是很少會如此刻意讚美母親的，他們通常比較關心自己，在乎自己的身高外貌、在乎學業成績、在乎那心中悄悄愛戀的某校女生，究竟是不是也為了他心動？

而且十分特別的是，阿孟向來只歌功頌德他的母親，對一家之主的父親卻是隻字不提。

從阿孟在學校的輔導紀錄簿、自傳與家庭調查資料上，只能看到這個大男孩家庭情形的粗淺表相：爸爸46歲，是某某建築公司總經理，母親42歲，家庭主婦，而他是唯一的獨生子。

「阿孟，你真是幸福啊，有個這麼會做菜又這麼疼你的媽媽。老師真有些好奇，好想看看她漂亮的模樣，你一定跟她長得很像，是不是？」下課休息時間，我喜歡「聲東擊西」的找孩子說話，相信在這種「不設防」的對談裡，比較容易聽到他們心底的聲音。

「哦——還好啦，大概有點像吧？」大男孩回答得有些模糊；模糊的答案裡，總覺得摻了些隱隱約約的，難以言喻的晦澀感。

「下週五的家長懇親會，媽媽會來吧？」

「不行，沒辦法啦！媽媽那天正好要回外婆家，她不能來。」

明明擁有那樣美麗賢淑的媽媽，大男孩竟是如此怕她曝光？

然而，男孩的母親不能來，男孩的爸爸卻打了電話來。

「陳老師，聽說下週五晚上有家長會，我可不可以提早在明天就到學校拜訪老師？還有，請您千萬不要讓孩子知道我要來。家長會的事，我是無意中從公司業務部那裡知道的，我那業務組長的兒子也是念建中的。」

初冬第一道西伯利亞寒流來襲的黃昏，大男孩的父親西裝畢挺的出現在我面前，我看到他遞來的名片，上面密密麻麻印了一大堆頭銜，光是獅子會、扶輪社就有好幾個。

「陳老師，我偷看過兒子的週記，他總是不斷的讚美他的母親，是不是？其實，我們離婚已經十年了。她現在人到底在美國、日本或香港，我也不清楚。前幾年，我想再婚，孩子卻氣得要鬧離家出走，後來我也只好算了。可是我發現，兒子近來對我越來越冷淡，在家裡，他不願意跟我說話，似乎總是在對我生悶氣。」眼前這位體面的紳士，說著說著好像喉嚨哽住了，聲音接近嘶啞。

「我好愛他，他是我唯一的孩子，可是我現在卻不曉得該怎麼跟他說話才好。」

午後斜陽從辦公室窗櫺折射進來，在夕陽餘暉中，我清楚的看見眼前這中年男子、單親爸爸眼尾有若隱若現的閃閃淚光。

又是一位單親爸爸

「老師，明天下午我不能來上課，我要請事假。」中午在辦公室批閱期中考作文時，小瑜匆匆拿了請假單跑來。

「有什麼特別的事嗎？不然為什麼你要請事假？」

「沒什麼啦，只是一點點家務事而已。」他半笑不笑的勾著嘴角，一副故作瀟灑的模樣。

綽號「猛龍」的小瑜是班上的灌籃高手，瘦瘦高高的個子襯著他那喜怒強烈的脾氣，往往給人「晴時多雲偶陣雨」的感覺；第一次段考成績出來，他是班上唯一的「五當山門主」——英、數、物理、化學加生物，五科全「當」了。

「什麼事那麼神祕？說出來讓老師知道嘛！」

「就是我爸媽要到律師事務所簽離婚證書，我想『觀禮』呀！」

哦，猛龍就是猛龍，縱使是在傷心流淚的當刻，仍舊不忘記把「堅強」塗抹在臉上，仍舊不放棄用笑謔來粉飾破碎的心。

17歲的少年，面對父母即將撕裂的婚姻，他竟然故意要到場見證，那真是情何以堪？

17歲，同時也是心情最不穩定的年齡，少年竟遇上家庭即將分裂的局面；難怪他會愛極了球場上的奔馳，難怪他會把各科功課念得零零落落，慘不忍睹。

「老師，不必為我難過啦！唉，我早就已經習慣爸媽三天兩頭吵吵鬧鬧的把戲了！現在分開了也好，姐姐跟著媽媽，我歸爸爸，不過老媽沒事也可以過來看我——」男孩依然努力逞強，拚命的「強顏歡笑」。

「爸爸作生意不是經常國內、國外跑來跑去的，那你一個人在家，誰為你做飯？」我知道男孩的爺爺奶奶早已移民國外多年。

「哎呀——小case啦，吃飯容易得很，老師您真的不用為我擔心。再說，我也會做蛋炒飯、煎荷包蛋，很不錯吃的哦！」男孩還是一派輕鬆模樣。

真相的背後

一個月後的家長會上，我終於見到了男孩的父親；他穿著整齊而畢挺的深藍色西裝，獨自默默的坐在靠窗的一角。

在許多家長舉手發問時，男孩的父親始終沉默不語。

家長會的時間是晚上七點到九點，眼看著都已經九點四十分了，許多媽媽仍熱情無比的圍著我，捨不得散去。

男孩的父親邊看手錶邊擠了過來，向我行個禮說：「我是小瑜的爸爸，改天再來拜訪。」隨即轉身離去。

一天夜晚，小瑜的媽媽突然打來電話，問我：「老師，我們家小瑜最近在學校乖不乖？有沒有好好讀書呀？」

我告訴她，小瑜最近晚上都留在學校看書，功課也有明顯起色。沒想到話鋒一轉，男孩的媽媽卻突然在電話另一端嗚咽了起來。

「我知道小瑜內心是有些恨我的。我真的不是那種只喜歡打牌、跳舞的女人，我只是偶爾玩玩而已。可是他那爸爸呀，成天忙來忙去，誰曉得他在忙什麼？他只會要求我不要上班，在家裡專心帶孩子。哼，那是不可能的事啦！我幹麼要這麼落伍，關在家裡守著廚房？」那個夜裡夢中，小瑜媽媽的哭聲似乎總在耳邊揮之不去。

家長會後一星期，小瑜的爸爸又來到學校。

「老師，我想小瑜的媽媽八成打過電話給您，說您說過我許多惡行，是不是？真不好意思，我們的家務事竟來麻煩老師。小瑜這孩子從小就比較聰明，也比較任性，我看他前一陣子成績那麼差，多少是受到家裡氣氛的影響，請老師原諒。」男孩的父親顯然比母親冷靜理性。

「我也很想多陪陪孩子，可是現在景氣不好，電子業也不是很好做，有時候我不得不到外地忙，放著小瑜一個人在家，實在很教人不放心。孩子和事業我都得兼顧，常常我自己都覺得很煩。不過我是孩子的父親，一定得堅強才可以，我不能讓兒子覺得爸爸無能……」男孩的父親說著說著，嗓音逐漸低沉而沙啞。

—會思想的蘆葦—

許多失婚的單親媽媽我見過，而此際在我眼前的是一位中年單親爸爸，他，沒有掉任何一滴眼淚。我想，單親爸爸不是沒有淚，只是他們把淚水硬生生吞下，默默隱藏在心底吧？

一個失去婚姻的中年男子，既要在外奮戰商場、為生計拚鬥，回到家裡又得扮爸爸、當媽媽，多辛苦。

身為男人終究不能像女人，情緒一來，想哭就放聲大哭；單親爸爸不是沒有淚，親愛的孩子，你能不能站在父親的角度，也多疼疼爸爸？

Party夜店女王的寂寞淚水

彩袖殷懃捧玉鍾，當年拚卻醉顏紅。
舞低楊柳樓心月，歌盡桃花扇底風。
從別後，憶相逢，幾回魂夢與君同。
金宵賸把銀釭照，猶恐相逢是夢中。

晏幾道〈鷓鴣天〉

「憑什麼我們每次都要等她一個人？」
「是呀！老師，她是夜店女王，早上肯定起不來。」
「老師，就快比賽了，我們還是準時練習吧！」
「整團42人，少她一個又怎樣？」

面對即將在半個月後舉行的「全國大專院校詩歌朗誦比賽」，這個來自全校各科系組成的團隊，男女同學共42人，這一個多月以來，每週一、週四約好在早上第一堂課前，練習四十分鐘。

其實每次練習，每位同學都十分認真配合，不厭其煩的練習發音，試著控制音調高低與音量大小、走臺步、排演手勢與動作；唯有朱麗麗，往往不是遲到，就是臨時說不舒服要請假。

「老師，趁現在離比賽還有一段時間，我們乾脆找人代替算了。」身為朗誦團團長，向來表現得十分溫順，說起話來總是輕聲細語的李晴，竟出人意表的鎖起眉尖，大聲嚷了起來。

排在第一列，圓圓臉、剪著齊眉瀏海娃娃頭的芳如緊接著響應：「就是啊！她每天晚上都忙著約會、泡夜店，早上哪起得來？」話聲才落，竟立刻引來不少「回音」。

「她現在到底又跟誰在一起？」

「不久前不是才跟應用化學系的花美男分手了嗎？」

「拜託哦，學期都還沒結束，她到底換了幾個男朋友？」

「真受不了跟這種『萬人迷』同班，超丟臉的！」

七嘴八舌、眾說紛紜中，我注意到在場十多位男同學面對這樣的八卦議論，竟是默契十足的抿緊了嘴，什麼話也沒說。

那天清早，我覺得大家為了朱麗麗的遲遲不見芳蹤而氣氛低迷；打了手機給她，卻是關機狀態。那就乾脆暫停一次練習吧。

可是心裡始終存著疑問，不明白為什麼外表看來十分清純可愛的朱麗麗，才進入大學沒多久，不過還只是個校園「新鮮人」，怎麼就會惹來那麼多同儕的惡感？

家在臺北卻一人獨居在外

那天下午，我忍不住撥了好幾次手機給朱麗麗，奇怪的是始終在關機中，讓我懷疑她可能不只有這支手機；晚上在家，我找出學生留給我的通訊錄，打了電話過去。

電話響了好幾聲，傳來卻是她的答錄機留言：「哈嘍，我是麗麗，現在沒辦法接聽你的電話，請在嗶一聲之後，留下你的名字和電話，我會盡快與你聯絡。」

麗麗，她一個人獨居在外？

拿出開學第一堂課要求同學寫的自我介紹資料，看到她寫著：「爸爸經商，大多時間在上海，媽媽開了一家瑜珈健身房，家在臺北市中山北路二段……」

咦，明明家在臺北，為什麼要獨自租屋在外？

再次仔細閱讀全班同學的資料，倒意外的發現原來班代表郭玉琦和她畢業自同一所女子高中。

「老師，麗麗從前不是這樣的。我們不只是高中同學，事實上國中還同班，三年都比鄰坐一起。」

第二天下午，我約了玉琦在學校附近的「星巴克」喝咖啡。

真相的背後

「老師，麗麗亂交男朋友，大概就是從剛升高三的那個夏天開始的。本來，她什麼也不肯說，可是我看她變得實在太可怕了。抽菸、跳舞、泡夜店……樣樣都來。我擔心她是不是交了什麼幫派或黑道的朋友，也擔心她可能什麼學校也考不上。」玉琦開門見山，這樣告訴我；她說得急切，也忙著啜飲咖啡。

「有一次放學時，我忍不住把她拉到校園角落，大罵她糟蹋自己，問她是不是已經準備放棄上大學了。結果她竟然哭了起來，說在高二升高三的那個暑假，她那超級有錢的爸爸跟很會吵架的媽媽離婚了。爸爸一天到晚飛上海，表面上說是做生意，其實在背地裡養小三、小四；至於媽媽呢，也不甘示弱的交起男朋友，而且把健身房經營得更加有聲有色，人經常跑出國，不在臺灣。」

「媽媽雖然爭取到她的監護權，可是卻要她住到外婆家，外婆家就只有一位印尼的外籍看護和三隻拉布拉多犬。她說她常常感到孤單，每個同學都在忙著考大學，不是猛K書，就是得上補習班，根本沒有人有空理她。她說與其放學後守著空蕩蕩的豪宅，不如跑去外面交朋友、找人瘋，通宵唱KTV或泡夜店……老師，我想麗麗這樣不斷換男朋友，大概是害怕寂寞，也有可能是對男女之間的感情沒有安全感。」說著說著，善良的玉琦眼眶都紅了起來。

雖然，我只是他們大一通識課程國文選的任課老師，一星期只有三堂課，可是出自內心的，仍熱切希望能幫助任何一個期待被了解、救助的青春兒女。

「麗麗，我是陳老師，有空請回我電話。」

「麗麗，找個時間讓老師跟你談談好嗎？」

「麗麗……」透過語音信箱，我接二連三留了好幾次話。

大概過了一星期，女孩總算回了電話給我，於是我終於和女孩約好，第二天中午在校園的荷花池畔相見。

「每個同學都說我很爛，是不是？」我還沒來得及開口，女孩卻先高高的昂起下巴，略帶挑釁的尖著聲調。

「老師，玉琦把跟您見面的事都告訴我了。謝謝老師的關心。您放心，我還是會有分寸的，不會真的讓自己壞到沒藥救。哦，這卡片送給您。」女孩說罷，甩著一頭長髮，掉頭就跑走了。

目送女孩嬌小纖瘦的背影離開，打開那心型的卡片，女孩秀麗的筆跡寫著：

老師，我很喜歡您上的詩詞文學，只有您的課我盡量不翹課。相信有一天，我一定會向您好好訴說這兩年來的際遇與心情。坦白告訴您，交一大堆男朋友不過是我虛假的歡樂表相，唯有孤獨才是我的知己。

凝望女孩逐漸遠去、逐漸消失的身影，想喚住她，喉嚨卻發不出聲，只感到陽光炙熱，好似灼傷了我的眼。

—會思想的蘆葦—

正如前文裡所提到過的，文學思想大師托爾斯泰曾說：「快樂的家庭都很相似，不快樂的家庭卻各自有不同的煩惱。」

父母情感的好壞跟家庭氣氛的和諧與否，往往會深植在兒女的心底；父母對婚姻的忠誠或背叛，甚至會影響兒女成長後的情感方針、行為指標。

根據內政部公布的統計數據表示：二〇〇九年到二〇二〇年間，每年都有超過四萬對的夫妻走上離婚一途，但結婚率則多維持在十萬多對左右，並且從二〇一五年開始一路下跌，到了二〇二〇年結婚對數已不到十萬了。結婚率越來越低，離婚率越來越高，已成了全世界的趨勢。

簡單換算，也就是說，在臺灣，每三對夫妻就有一對以上，終將走向分手的下場。

高離婚率使得家庭所衍生出的問題，不單單只是一種面向，而是變得多元且複雜。如：孩子監護權的歸屬、隔代教養的問題、繼親家庭的親子關係、父母親同居人與孩子的相處情況……在這般多重元素的互相交疊之下，很可能會令成年人疏於孩子的成長照顧，也可能因補償心態而對孩子過於溺愛；這一切將有形、無形的剝奪孩子本該擁有的、單純的家庭溫暖。

「親愛的，你的孩子和我的孩子正在欺負我們的孩子。」這是國外電影、影集裡多次出現的對白，卻也是最真實殘酷的，繼親家庭在教養上會面對的窘境。

我並不認為一對早已相敬如「冰」、價值觀早已大相逕庭的夫妻；或天天吵架、哭罵，把家庭製造成另一個「火藥庫」的夫妻，還必須因為子女或社會批評、異樣的眼光而勉強彼此戴上「假面具」的生活在一起，相看兩「相厭」的繼續扮演夫妻角色。

然而我卻在太多來自單親家庭的學生身上，一再感受到孩子面對父母分離時的傷痛與無奈。雖然有的孩子受此變故刺激，反而蛻變得獨立堅強；但更多的是從此逃避男女情愛，對自己沒自信，更無法輕信他人感情的孩子。

像麗麗這樣男朋友一個換過一個，其實也是某種自我情感的放逐，藉由抽菸、跳舞、流連夜店來麻痺內心的孤單與寂寞。

親愛的爸媽們，請問孩子何辜啊？為什麼大人們的感情債，到了最後卻要兒女來承擔？

成年男女之所以攜手步入結婚紅毯，相信彼此一定也曾愛得「轟轟烈烈」，而今走到相看兩相厭，不得不分手的地步；相信一定也歷經不少午夜夢迴的掙扎，懊惱傷感、怨怒恨交集的歷程。

我認為父母若要離婚，實在有必要跟兒女說清楚、講明白分開的緣由，以免孩子會誤以為爸媽仳離是因為自己不夠好、不夠符合父母的期盼，將過錯歸咎於自己，以至陷入痛苦的自責與自我懷疑。

當爸媽結了又結，結了再結

花褪殘紅青杏小。燕子飛時，綠水人家繞。
枝上柳綿吹又少。天涯何處無芳草。
牆裡鞦韆牆外道。牆外行人，牆裡佳人笑。
笑不見聞聲見悄，多情反被無情惱。

蘇軾〈蝶戀花〉

爸爸又要結婚了，婚禮就訂在下週六舉行，這將是他人生中第三度的婚姻……

打開周小胖的週記，在他的一週記事欄裡跳出了這行字，而且把「結婚」兩字寫得特大。

爸爸又要結婚？在學生的個別資料裡，我記得周小胖的爸爸是一家生技公司的董事長，同時還在兩岸三地經營了好幾家挺有名氣的建築公司。

媽媽顯然早就得到爸爸又要當新郎的消息，難怪近大半個月以來，她那原本漂亮的笑容就變得十分罕見了。

媽媽是爸爸第二度婚禮的女主角，是不是曾當過「小三」，我就不知道了。反正現在小三已「除罪化」，有沒有當過小三都無所謂了。根據老媽的敘述，在爸爸結束第一段婚姻到跟老媽正式步上禮堂，我那錢多多又天下無敵帥的老爸，也花花草草至少交過三、四個親密紅粉。

在我國小二年級的時候，我就發現我家爸爸跟別人家的實在不太一樣；別人家的爸爸會來接小孩子放學，我的爸爸不只是放學不會出現，就連在家裡也很少出現。

一直到國中一年級的某個夜晚，無意中聽到外婆罵媽媽：「真是瞎了眼呀！撿呀撿的，撿到一個賣龍眼的。千挑萬選，偏偏就非嫁他不可，虧你大學畢業後，我還花了大把銀子把你送出國，讓你留學喝洋墨水！」

那個夜晚，隔壁房間裡的媽媽哭了整晚，哭得好像要斷氣了。我也終於明白，爸爸很少回家的真實原因是：原來他們兩人早在我國小一年級時就離婚了。

老爸的第一個老婆為他生了兩個女兒，其中有個親密女友也為他添了個女娃，聽外婆說，爸爸這回即將迎娶的新娘早就已經為爸爸生了一對雙胞胎女兒。

嘿，有趣吧，在爸爸的孩子群裡，我可是唯一的男生哦！

透過文字，我可以想像周小胖那圓圓臉，調皮又故作瀟灑的模樣。末了他這麼寫著：「老爸歷經了這麼多年單身，終於又想結婚了。只是可憐的老媽，這些日子以來，她的情緒似乎越來越消沉，每每看到她半夜一個人坐在客廳喝悶酒，那樣子看起來令人好心疼、好難過，可是我又不曉得該怎麼安慰她才好……」

周小胖是班上的「開心果」，擁有高度的幽默感，講那種不帶髒字也不具情色的笑話，一直是他的專長；在班上，他是少數擁有絕佳人緣，又能同時兼顧優良學業的人。

好幾次，中午休息時間，我特地到教室找他，他似乎有意躲我，總是不見蹤影。找一個第八堂數學課，在下課鐘聲未響時，我已堵在門口等他；小胖大概知道自己躲不掉了，只好摸摸鼻子、抓抓頭，乖乖跟我回辦公室。

我還沒開口說話，他卻已刻意堆出滿滿笑容，說：「老師，你不用擔心我啦！我沒事，我告訴你哦，爸爸昨天打了電話給我，說我只要考上國立大學，取得駕照，他就要送我一部法拉利。」說罷，他似乎仍想裝瀟灑的咧嘴笑；結果笑紋反而擠成一堆，僵硬了。

男孩就坐在我身旁，把整張臉埋進雙手裡，肩頭開始兀自的抽搐。

哭吧，能哭出來總是好的。

明明內心是如此的焦慮、抑鬱，卻偏偏要戴上快樂、討人喜悅的面具，多辛苦。

風流爸爸、多金叔叔

小胖的爸爸從不曾來參加「親師懇談會」，所以我也未曾能親眼目睹這位婚姻路上「奇葩」一朵的風流爸爸，不過在不少商業雜誌的封面上卻見過幾次——圓圓胖胖的臉其實是「放大」的小胖版，不過那炯炯有神、充滿自信的眼神確實散發著濃濃的「名流菁英」氣息。

成年人的世界，大人情愛、財富的紛爭，憑什麼要孩子來承擔？

世間多少男女總是不斷、不停的在玩「分分合合」的遊戲，你儂我儂、卿卿我我的時候，歡樂的蜜汁可是酣飲痛快呀！然而當濃情蜜意逐漸褪淡時，一拍兩瞪眼，竟也就「船過水無痕」？

小胖的際遇不禁讓我聯想起高小胖好幾屆，如今人在巴黎的「泰迪熊」；在冠狀病毒肆虐全球的此際，前些日子還看到「泰迪熊」從臉書傳來的照片——在浪漫的香榭大道上、壯麗的凱旋門前，他戴著口罩、手捧厚厚的書本，身旁環繞著三個金髮美少女。

「泰迪熊」長得高又帥，家住瑞芳九份，建中三年的時光裡，天天清晨六點就跑去趕搭客運，再換捷運到學校。

「老師，等等的班會課我可以提早離開嗎？因為我叔叔要帶我去吃法國大餐。」

「叔叔？為什麼不是爸爸而是叔叔？」

「哎唷——就是我媽媽的男朋友，未來的二爸爸。」他說得倒是挺順口的。

真相的背後

「從小我就是阿嬤帶大的，我跟阿嬤住在九份的半山區，阿嬤種了好多菜。對了！冬至快到了，老師您要不要做麻油雞？我請阿嬤拔些薑給您。」跟泰迪熊聊天時，總會不知不覺的，被他一臉歡欣的神采感染得連心情也跟著輕鬆起來。

「我國小三年級的時候，爸媽就分手了。爸爸自稱是炒股高手，結果炒到賣了房子，也跟媽媽『切』了，現在在一家商場當保全；媽媽在外貿公司上班，一直住在臺北。她已經決定跟現在這個叔叔在明年春天結婚，叔叔對我很好，每週五都帶我和媽媽吃大餐，常給我零用錢，也很關心我的功課。」他敘述自己的家庭身世好似在述說別人的「故事」。

不久之後的一天早上，泰迪熊背著書包，雙手拎著兩袋還帶著泥土的新鮮生薑給我；我把生薑分送給辦公室同事，那一天，整間辦公室裡都充滿了泥土和生薑的味道。

最讓我無法忘記的是，在畢業典禮的那天晚上，泰迪熊帶著一對中年男女來到我面前。

細肩帶黑色蓬蓬裙禮服，雪白酥胸半露，手捧著一大把鮮花的少婦，看來既性感又高雅美麗；身旁站著的中年男性，身著深藍色西裝風度翩翩。這位就是多金叔叔嗎？

泰迪熊笑嘻嘻的介紹：「老師，這是我媽媽和爸爸。」

「老師，感謝您對我們家阿泰的照顧，這花獻給老師，還有一瓶香水，請老師笑納。」婦人說話輕聲細語的。

中年男子盈盈的笑著，一手搭著泰迪熊的肩。

泰迪熊右手攬著母親，左手勾著父親；三個人都笑咪咪，那真是活生生一幅和樂家庭圖。

高、帥，學業又優秀的兒子，即將自建中畢業，邁向人生另一個里程碑；原本早已分離的夫妻，因兒子的畢業典禮而「合體」。這是何等美麗的風景！

—會思想的蘆葦—

記得在電影《阿甘正傳》裡，阿甘的母親對阿甘這樣說道：「人生就像一盒巧克力，你永遠不知道下一顆嘗到的會是什麼滋味。」

親愛的孩子，今生你成為誰的兒女，那是早已命定，也是無從選擇的。

如果不認同父親的風流多妻，如果不能接受父母的「拆夥」分離，至少你可以期許自己，將來長大成人，做個深情、有義、愛家、負責任的好男人。

「梨花淡白柳深青，柳絮飛時花滿城。惆悵東欄一株雪，人生看得幾清明。」這是蘇東坡的詩，也是我十分喜歡的一首。

在已過中年的此際，回首昔日來時路，縱有情懷無數，心情卻是一片雲淡風輕。

在見識過無數學生父母的婚姻「故事」，我想：好聚好散也是一種美好結局；浮生若夢，為歡幾何？婚姻也是一種人生中的修行，「謝謝你曾經愛過我！」也就是彼此的最佳祝福。

雄鷹在角落哭泣

詩情放，劍氣豪，英雄不把窮通較。
江中斬蛟，雲間射鵰，席上揮毫。
他得志笑閒人，他失腳閒人笑。

張可久〈慶東原〉

中午休息時間，辦公室裡總是人聲鼎沸；我啜著清茶，獨自埋首批閱模擬考的作文卷。

「老師，李健雄這回麻煩大了！您要趕快想辦法救救他！」

突然有團身影直衝過來，才抬頭，外號「潛水艇」的莊仁豪已站在桌旁，急呼呼的嘟囔著。

「不要急，坐下來慢慢說。你說，李健雄怎麼啦？」我要他坐在我身旁那張專為同學準備的椅子上。

身高一八二的李健雄是班上的灌籃高手，「雄鷹」是他的綽號，他有著一張不太愛笑的臉，感覺個性有些「悶」；他和莊仁豪一高一矮，在球場上卻似一對「天龍地虎」，默契十足，兩人都畢業自東區仁愛路上的一所國中。

「就在剛才嘛，我跟阿雄吃完麵，從熱食部出來，在樓下走廊正好碰到『她』。這次阿雄實在說得太大聲了，所以被她聽得清清楚楚，硬是被抄下學號姓名，說絕不饒阿雄。」

「『她』？是哪位老師？李健雄說了什麼？」

「我也不知道那位老師的名字，但阿雄不曉得為什麼，每次見到她就喜歡罵幾句。這回我看到她氣得脖子上的青筋都跳了出來，阿雄肯定要倒大楣了！」兄弟有難，向來調皮愛笑的「潛水艇」，這下似乎沉到水底了，雙眉緊鎖。

「告訴我，阿雄到底說了什麼？」

「這、這……我用寫的好了。」一放下筆，「潛水艇」立刻變成「飛彈」，一溜煙就跑。

我看見紙條上面歪歪斜斜的寫著：噁心！叉燒包！大騷包！

如果我猜得沒錯，這個「她」，就是坐在我側前方的何美麗老師。

她來這紅樓校園應該也有四、五年了吧？四十多歲的她，聽說小孩都上高中了，又聽說她在學校附近租了間套房獨居。桃紅是她最常穿的衣服顏色；春夏季時，往往穿著無袖且領口又大又寬的洋裝，偶而穿襯衫，領口衣襟也一定打開兩、三個釦子。

有幾次在辦公室，正好看到她彎腰俯身……啊，倏然只感到面頰一陣燥熱，趕緊挪開視線。忍不住想，這般「坦露」胸部的景觀，落在17、18歲成長中的大男孩眼裡，該會產生什麼樣的悸動？

既然從事的是教育工作，而且又是在一個全校男生的高中，為人師者是否應當在衣著打扮上有適度的約束？可是穿什麼衣服、作什麼打扮，終究是個人的自由，縱使是年長同事，也難以啟齒說些什麼吧？

喀、喀、喀——那是三吋高跟鞋踩在磨石地上的響聲。「混蛋！竟敢惹老娘！」只見她一邊大聲的罵著，一邊重重的把自己摔在椅子上。

李健雄，那向來沉默且吝於展露笑容的「雄鷹」，怎麼偏偏愛惹她？走出辦公室，我想到教室裡看看阿雄。班長徐正宏卻神色慌張的匆匆迎面而來。

「老師，我勸過李健雄了，可是他說什麼也不願去道歉。」

透過教室的玻璃窗，只見「雄鷹」孤傲的挺著脊背，一派「天下事皆與我無關」般的坐在角落位置上看書。

人說愛打球的孩子，也往往比較開朗、愛笑鬧。「雄鷹」可是本班籃球健將，但升上高三才擔任李健雄導師的我，卻意外的發現，無論球場上、教室內，「雄鷹」都極少展現笑容。

少年內心的「黑洞」

父親，陸軍上校；母親，保險業務員；弟弟念國二，家中還有80歲的老奶奶。我幾度前往輔導室，多回認真且仔細的查閱所有屬於阿雄的家庭資料，給人的感覺皆是單純而正常。

可是幾次刻意利用課餘時間和他單獨談話，只要想深入探尋家庭狀況，他就會立即張起羽翅，以「一切都好」、「謝謝老師關心」來回答。那種武裝背後的冷漠，總讓我在心底有一分說不出的牽掛。想想，這樣倔強不肯屈服的少年，也只能以時間、以「迂迴戰術」來對待吧？

放學後，我還是找來了莊仁豪。

「你們同學那麼多年，又是好朋友，老師相信，他的家庭情況你一定比我清楚。」

「他……哎唷！老師你可千萬不能說是我講的。高一升高二那個暑假，我們一起到福隆海邊游泳，游到天都快黑了，他都還不肯上來。我問他說：『你瘋啦？』沒想到他竟然回我：『游，游到死算了！』好不容易把他拉上岸，他卻趴在沙灘上放聲大哭。後來他告訴我，爸媽離婚證書都簽好了之後才告訴他，還說他最沒想到的是『每天都打扮得花枝招展的媽媽，竟然連再見都沒有說就走了』。」潛水艇說著說著，一張原本胖胖的臉好像頓時縮小了。

「老師，阿雄國中的時候可是個風雲人物哦！他當過班長也當過康樂股長，本來是個很會開玩笑、很快樂的人。」潛水艇訴說著好友的遭遇，說著說著，連嗓音都低了下來。

是母親的「不告而別」，刺痛了一顆年少的心？

男孩從原有的依賴而變成失落，向來在同儕間屬於領袖人物的他，為了保持一向的光彩，肯定獨自飽嘗了一段陰霾傷感的時光。

第二天中午，當同學都在午休睡覺時，我悄悄的把阿雄叫了出來。

「昨天的事，老師都知道了，我不會勉強你去低頭道歉。不過，縱使她不是學校老師，你這樣隨便批評也可能會吃上毀謗罪。很抱歉，我是你的導師，我願意與你分享快樂與悲傷，再說大學聯考也不遠了，你實在沒有時間再被這些無謂的干擾占據讀書的心力。成人世界的感情，也許不能用二分法輕易判別是非，既然事情已成定局，老師只能建議你勇敢面對，才是最好的方式。母親不告而別，說不定她也有難言的苦衷。」

原本低垂著眼，直挺腰桿的「雄鷹」聽著，一雙眼都圓睜了起來。

「你應該明白，如果只是一味的隨自己的想法任性發展下去，只會變得越來越痛苦，路也會越走越窄，到最後，受傷最深的仍然是自己。」

是因為母親對他的「背叛」，促使少年轉而排斥外表打扮過度「鮮豔」的女性嗎？如果這種強烈的情結持續延伸的話，未來又如何能以正常健康的胸襟與女性交往？

「很多事情的美醜善惡，常在一念之間。如果能換個角度看待，也就海闊天空。想念媽媽是人之常情，想她，不妨打個電話給她，或去看她都可以，不必特意壓抑自己。說不定她也很想你，知道嗎？」

「老師相信依你的才氣和毅力，將來一定會很有成就的。如果你信任我的話，老師願意隨時當你的忠實聽眾，聽聽你內心的想法。」

「老師——」

第一次我看見向來表情峻冷的「雄鷹」，竟然紅了眼眶，當中有盈盈的淚光在閃爍。

真相的背後

過了幾天，在清早的辦公桌上，發現一張卡片和一個小紙袋。卡片上寫著：前幾天我終於跑去跟媽媽說話了，好開心。

打開紙袋，裡面裝著的是幾張日記的內頁，紙張已有些泛黃。

九月二日，開學了，每個同學看起來都很快樂的樣子，只有我的世界在下雨……

九月十八日，奶奶今天哭著對我和弟弟說，叫我們一定要勇敢，媽媽不要我們了。

十月十六日，難得爸爸休假從外島回來，吃飯時我突然發現，什麼時候，爸爸的頭髮已經都快禿光了？爸爸還是不怎麼愛說話，睡覺前卻突然對我說：「你是長子又是長孫，要知道自己的責任……」

十月二十四日，想媽媽，恨媽媽！想她又恨她，連我都討厭自己……

下午放學時刻，李健雄難得的露出笑臉跑來：「老師，我決定要把這些文字永遠丟掉！還有，我已經跟何老師道歉了，她說她也不會去向學務處報告。」

—會思想的蘆葦—

美國婚姻專家華勒斯汀博士經過多年的研究後發現，當雙親仳離時，孩子往往是最大的受害者。有一些孩子在長久缺乏安全感的情形之下，甚至會成長為憤世嫉俗、思想偏激的人。

這樣的孩子在成年之後，對人性的良善比較不容易信任，他（她）們往往不是孤立自己的情感，就是任性的讓情感氾濫，對自己的愛情既充滿幻想，卻又十分無力，對於情愛的收放較為缺乏理性駕馭的能力。

我相信，了解與關懷正是幫助這些孩子的最佳良方。
但願透過真誠、真愛，能使這世界上再也沒有躲在角落哭泣的「雄鷹」。

老爸是角頭，學生是堂主？

子曰：「君子有三戒：少之時，血氣未定，戒之在色；及其壯也，血氣方剛，戒之在鬥；及其老也，血氣既衰，戒之在得。」

《論語．季氏篇》

在教學的路上，擔任班級導師，親自帶班，跟一大群17、18歲成長中的孩子朝夕相處，聽他們打球揮汗的暢快歡笑聲，分享那些他們不敢向父母、朋友開口的內心苦悶，是我平凡生活中十分重要的喜悅來源之一。

要取得每顆年少心靈的信任，獲得師生間美好的溝通，「了解」與信任是最不可或缺的，尤其需要對每個孩子的成長背景、與家人相處的情況具有相當程度的了解；了解得越透澈，師生間互動的呼應也就可以更加親密、圓融。

對每一屆的每一個孩子，我總是為他們建立詳盡的家庭資料，記錄著個人的背景和性向分析。許多孩子會在我設計的問答裡，坦訴他個人強烈的喜怒愛惡，娓娓道敘曾經有過的快樂記憶或慘痛委屈；我更愛閱讀每個孩子，為自己描繪的未來人生大夢、美好藍圖。

當然，在這些「密件」文字中，我可以很清楚的看到孩子跟父母之間的互動究竟是溫柔互信，或是相待如「冰」，又或是口出惡言、暴力相對？更驚人的是，還曾有學生在家庭敘述中，調皮戲謔的透露：他那身為公司董事長的爸爸在外與小三的隱密居處。

對這樣極其隱私的導師手冊，我稱它為另類的「葵花寶典」，絕不允許校內任何單位或其他老師來借閱。

曾有學生在父親的職業欄裡寫著：「民意代表」，工作內容中竟然大刺刺的指出：「從事政治活動；副業：開會質詢。常常開會到三更半夜，回到家後總是醉醺醺的，酒氣沖天。」

孩子純稚的敘述，還真讓我對一些所謂「為民喉舌」的民意代表，有了另一番的認識，也算開了眼界。

記憶深刻的是，有位長相十分俊秀，舉止斯文有禮的阿樂，他寫及的父親職業，在多年後的今天，仍舊讓我難以忘懷。

阿樂寫著：「提起老爸的本名，可能很少人會知道，但是如果說出老爸那響噹噹的江湖名號，那可是會驚動萬教、轟動武林呢！我身為角頭老大的兒子，從小寫父親的職業，向來就是『貿易』、『企業』這幾個字輪流寫。因為老爸說做貿易的都是有頭有臉的人，要喝過不少洋墨水才可以，因此要我把『貿易』當作他的職業，如此才顯得出他的身分跟地位……其實我覺得老爸也算得上是做『貿易』的啦！沒錯呀，買空賣空，「殺」進「殺」出，不稱作貿易，又該稱為什麼呢？唉，總不能要我在家長職業欄裡，坦白填上『大角頭』三個字吧？」

俗諺說：「龍生龍，鳳生鳳，老鼠生的兒子會打洞。」有意思的是，阿樂顯然是靠後天教育與自我努力，促使角頭基因「大突變」，以致造就了他溫文爾雅的外表與氣質，完全都沒有沾染到他父親那角頭老大、三江五湖的草莽氣息。

至於那位身為民意代表的父親，每每在電視政論節目上，看見他冷眉橫目、批東罵西的模樣，我就不禁聯想起學生描述他返家時，那酒氣沖天、走路搖搖晃晃的樣子。

老師，這裡有沒有人欺負你？

每逢總統大選或市長、立委的選舉，總有媒體記者不免俗的找來建中畢業冊，極力從當中的師長群像裡找到我，再極力拜託我接受專訪。

「老師，您還記得當年朱立倫表現如何嗎？江宜樺是不是向來就是個乖乖牌？」

拜託哦，我一九七八年初入建中日間部任教，主要教的是高一；有一天，教務處突然要我代課三年二班的國文兩星期，其中還包括監考三天。他們當時就念那個班，但坦白說，我這菜鳥，哪有可能記得那麼多？

記者就是記者，一定要試圖找出些蛛絲馬跡，串成溫馨感人的故事，然後在電視、報章雜誌上強力放送。

其實如今檯面上的市長、立委、署長發言人、副部長……其中有好幾人全是我任教時，授過課的學生，但那又如何？當年的翩翩少年，如今已成歐巴、大叔。流光歲月、星光嬗遞，昔日靦腆害羞的少年與今日神采飛揚的中、壯年，豈能相提並論？外貌會變，成年後的思維、邏輯又怎可能停駐於從前？

真相的背後

教育，一直是我的主業，也是我終生的志業；昔日學生，今日有了社會地位、政治舞臺，那是他個人努力的成就；我不過是他們求學過程中的眾多老師之一，大可不必矻矻想沾光。

倒是像趙福這樣的學生，多年來一直是我心中所掛念、在乎的。

趙福是我來建中之前，任教於大同國中時的孩子。

當年的大同國中只招收男學生，擁有「建中先修班」的名號，是一所內部極為競爭、升學率極高的「明星」國中，日後，它也成為了臺北市第一所國中改制為高中的學校。

趙福就讀於國中三年級時，我是他們班的國文老師，他有著一張黝黑、憨實的臉龐，身材十分壯碩，可是各科成績卻和身高成反比。在這十分重視分數成績的校園裡，開學不到一個月，他就被迫轉往「放牛班」。

有好幾次上課書寫黑板時，我一轉身，就看到他悄悄躲在教室後面，從窗邊一閃而過的身影。我知道，他肯定是又偷偷「翹掉」了放牛班的課，試著想神不知鬼不覺的跑來探望我，或想再聽一次我的課。

幾乎每天中午，我總是會在樓梯間的轉角處遇到他，他總是洋溢著憨厚敦實的笑容向我行禮，精神抖擻的說聲「老師好」，然後就跑開了。

有一回，我在學校操場上看見他獨自在吊單槓，特地叫住他：「趙福，過來老師這裡。」

他似乎嚇了一跳，沒想到我會主動找他，縱然疑惑，可是一聽到我的呼叫，還是立即咚咚咚，展著笑靨的跑了過來。

看他額頭上掛著滿滿的汗珠，我拿出手帕，踮腳幫他拭去汗水。

「趙福，老師認為你一點兒也不傻，只是普通高中這條以考試為主的競爭道路不太適合你罷了。」我拍拍他的肩膀，鼓勵的說道：「試試報考高工、高職看看，老師相信你會成功的。」

原本頭低得不能再低的趙福，突然抬起頭，眼淚、鼻涕汩汩的流了下來，用幾乎哽咽的嗓音回我：「老……老師，謝謝，謝謝您！」

趙福畢業的那年夏天，我應聘來到建國中學。

不知經過了多少年，有一天，適逢高三模擬考，我正在教室裡監考，突然間感覺到原本寧靜的走廊有了一些騷動。一轉頭，便看見警衛何伯伯帶著一個成年男子站在教室門口。

「老師，我是趙福啦，我找了您好久，好不容易才找到這裡。」等不及何伯伯開口，穿著短袖棉T，露出雙臂刺青的男子急急忙忙跑到我面前。他的打扮、舉止與說話時毫不掩飾的粗嗓，一下子把教室裡正在寫物理試卷的同學震驚得紛紛抬起了頭。

「陳老師，對不起，他一直在警衛室鬧，我不得不帶他過來。」何伯伯壓低了音調說。

趙福，當年那個憨憨的趙福，就是如今我眼前這位，在西伯利亞寒流來襲的冬日，穿著黑色短袖，露出滿滿虎豹刺青的男子？

我把食指放在嘴唇，示意同學們繼續安靜寫考卷，同時也要趙福暫時收起亢奮的模樣。

何伯伯似乎十分不放心的直盯著趙福，我低聲告訴何伯伯：「沒事的，他是我從前的學生。」接著把趙福拉到走廊樓梯轉角，卻見何伯伯頻頻回首，似乎仍充滿戒心。

「趙福，這裡的學生正在考模擬考，所以你說話一定要小聲點。」趙福興奮得連黝黑的雙頰、耳根都隱隱泛紅，頻頻點頭。

「老師，聽說這裡的學生讀書都很厲害，老師，這個學校的人好不好？老師，這裡有沒有人欺負你？」趙福果真壓低了嗓門。

「老師，如果有人敢欺負你，我一定讓他好看！」只見趙福手臂上刺的老虎好似要跳出來。

「老師，我聽你的話去念高工，畢業後跑去當兵，退伍回來後有朋友找我圍事。我不怕死，很會打，現在已經是○○堂的堂主了。」眼前的趙福說著說著又流露出憨憨的笑容，彷彿回到那個單純美好的少年時代。

—會思想的蘆葦—

那天，目送趙福下樓，看著他前往校門的背影，我只覺得鼻子好酸、眼眶發熱。

趙福呀趙福，老師當年希望你念高工或高職，是期盼你擁有專長，才好在這都市叢林裡「混」口飯吃，而不是要你去圍事、跟人打打殺殺，當什麼「堂主」不「堂主」的。

為什麼這麼大個人，卻仍這樣教人擔心？

自從趙福離去之後，我在每天的電視新聞裡、報紙的社會版上，不論看見掃黑或掃黃，總是提心吊膽的牽掛著，好怕看到趙福的名字。

我想，人生有兩樣事情是無法選擇的。那就是擁有什麼樣的父母、生在什麼樣的家庭；還有另一項，就是生下什麼樣的孩子。

父母與兒女的關係是老天爺決定的，由不得我們自主，然而趙福之所以走入黑道且成為堂主，絕不是因一時誤入或被欺騙所造成。

根據我對他國中時期的了解，這孩子的雙親離異之後，將他託給外婆，由外婆撫育帶大。

隔代教養對這個性倔強的男孩而言，在祖孫的溝通上，想必面臨了不少齟齬與挫折；尤其在當年那個學業競爭激烈的「明星」國中裡，學業功課排名的不如意，再加上被學校從「好」班調到類似「放牛」的班級，肯定對他年少的心靈造成不小的打擊。

在得不到師長、同儕的肯定下，他就往外尋找友誼與溫暖、討拍。結果，憑著碩壯的體格和猛爆的烈火性格，他也就一步步踏入黑道，成了黑道上的悍將打手。

抽菸、喝酒、打架……我實在心有餘而力不足，既管不著也無力管制他。不過，我最擔心的是他涉入賭博或吸毒。

所以，在那天臨別的時候，我只能一再叮囑他：賭博和毒品絕對不可以碰，絕對要克制！

記得幾年前，一位建中畢業、擁有臺大博士學位的男子，跑去路邊攤創業，販賣「鹽酥雞」，結果上了報紙社會版，成了大眾議論的焦點。

擁有臺大博士學位又如何？在職場激烈的爭奪戰下，高不成、低不就，最後還失業了好長一段時間。

如今憑藉著研發「孤味」的鹽酥雞，不也賣得嚇嚇叫嗎？不也財源滾滾而來嗎？

根據人力資源單位的調查，目前在各行各業裡，都產生了人才的「斷層」現象，其中最缺乏人才的類別，就是「水電工」。

以趙福高工的學歷，若是能彎下腰去，好好苦修三、五年水電技術，不也能夠成就另一條人生大道嗎？

天上一顆星，地上一個人；李白說「天生我才必有用」，就是說每個人的才能各自有異。如果父母、師長、學校一直擺脫不掉以升學主義掛帥，其實是教育上的一大弊病。

我們相信：分數、成績，絕對不是評斷一個人未來成就、幸福與否的唯一基準。

飯糰、檳榔攤與性感內衣褲

一曲新詞酒一杯，去年天氣舊亭臺。夕陽西下幾時回？
無可奈何花落去，似曾相識燕歸來，小園香徑獨徘徊。

晏殊〈浣溪紗〉

每週三，不必到操場朝會的早自習時間，我固定將早已印好的「形、音、義」辨識測驗卷發給同學，他們必須在七點四十到八點十分之間完成一百題測試。

阿曄總是在近八點的時刻才匆匆的，特意躡手躡腳的從後門側身閃進他那靠窗，鄰近垃圾桶的座位，拿起早已握在手中的原子筆，嘩啦嘩啦的急促作答。

虧得阿曄確實具有深厚的形音義實力，他總是在八點十分前的最後一秒完成試卷。

其實早在阿曄靠近後門時，我已聞到一股燒餅、油條加飯糰的濃濃味道；他匆促的移動腳步，就有如一部早餐飯糰車的移動。

「老師，很抱歉，每次的形音義的測試，我總是遲到。因為我實在有不得已的理由，希望老師原諒。」不久，我在週記的生活心得上，讀到了阿曄的道歉文字。

身為阿曄的導師，其實我早從輔導室調閱了他的自傳和家庭背景資料。阿曄是單親媽媽一手帶大的，在國小五年級的時候，阿曄的爸媽分手了；身為水電工的爸爸顯然沒有給媽媽什麼贍養費或是扶養的錢，媽媽唯一極力爭取到的，就是阿曄這獨生子的監護權。

國中畢業學歷的阿曄媽媽，原本只是個家庭主婦，在失婚之後又是如何撫養兒子成長的？

在一個中午休息時間，我找了阿曄聊天，他才低聲的告訴我：「媽媽很會作菜，從前媽媽每天都做一百多個便當，中午拿到菜市場和公司大樓門口販賣。可能長久炒菜、滷肉、炸雞腿的關係，她患了嚴重的手肘肌腱炎，沒辦法再做便當了。從這學期開始，她改賣燒餅油條和飯糰、小籠包，就在臺大的側門和捷運站口。」

「每天幾乎都在快八點的時候你才到學校，主要是為了幫媽媽包飯糰、做燒餅油條，是吧？」多貼心又孝順的孩子呀，多教人心疼。

根據一家教育基金會的抽樣調查，臺北市的高中生為了想考上理想的大學科系，有幾近四分之三的莘莘學子，都會在放學下課之後，又趕往補習班加強國、英、數、物理和化學；其中參加課後輔導加強的，又以建中和北一女的學生比例最高。

阿曄的學業成績，在班上排行是前三分之一，在「勁敵」高手、學霸環伺的情況下，阿曄為了減少母親的經濟壓力，堅持不參加任何課外補習，在這樣的情況下，仍能有如此成績實屬不易。

大學聯考放榜，阿曄上了他最想念的「臺大電機系」；想想，一個沒有高學歷也無家世背景的單親媽媽，從自製自售便當到販賣早餐飯糰，終究也成就了一個品德、學業優秀的好少年。

檳榔攤邊成長的男孩

「老師，您知道嗎？檳榔對我而言，一直有種很特殊，又很難說明白的感情。」

大男孩來自新竹的一個小鄉鎮，建中三年，他的學業成績一直勇冠群倫。他擔任過班長、副班長、衛生股長，也當選過優良學生。三年如一日，他一直理著那種規規矩矩、整整齊齊的三分小平頭。他有著憨憨圓圓的笑臉，同學問他課業問題，任他再忙也不曾回絕過。很多老師喜歡找他當「小老師」，主要是因為他既有禮貌，而且沒有一點驕氣。

「記得念國小的時候，每次放學鐘聲一響，就趕緊衝出校門跑回家，我肯定是第一個衝出校門的人。」

在我命題「童年」的作文裡，我看到了大男孩的這一段文字，忍不住好奇的在下課時問他：「為什麼第一個衝出校門？是不喜歡學校嗎？還是急著想回家吃媽媽做的點心？」

「想趕忙跑回家是因為，我不想讓同學知道，在那街口轉角賣檳榔的就是我母親。在那個時候、那個年紀，我覺得賣檳榔是件很丟臉的事。賣那種電視裡天天在勸導，讓人吃了會吐『紅墨水』的檳榔，是一件很不道德、很可恥的事。」看得出來，此刻大男孩聰慧星亮的雙眸裡，湧現的竟是另一種回顧中的溫馨感。

男孩的父親在住家附近的紡織廠擔任基層員工，微薄的薪水卻要養活年邁的爺爺奶奶，還有四個年齡如同階梯排列般，正在就學和牙牙學語的兒女；這是多麼沉重、艱辛的負擔？於是男孩的母親決定批發些檳榔和飲料，擺放在自家門口販賣。

「我是應該要感謝檳榔的，家裡的經濟因為有了它，我們兄弟姐妹的學費也才有了著落。只是媽媽很辛苦，通常清早六點就開市，一直到晚上十點才收攤。」說到母親的辛苦，男孩原本笑笑的雙眼，似乎立即升起了一層水霧。

「家裡現在還擺檳榔攤嗎？你平常還需不需要幫忙賣？你也會製作檳榔嗎？還有——」我想起報章雜誌、各種媒體上的報導，現在賣檳榔不都流行那種，衣服布料穿得少少的「檳榔西施」嗎？男孩家可有「檳榔西施」否？

「當然會製作檳榔。從選檳榔，再用剪子把它剪開，調紅灰、包葉片，我全都會，而且還可以把它們一顆顆包得漂漂亮亮的。其實在我家開始賣檳榔沒多久後，我就跟著幫忙包裝、找錢給客人。剛開始，我常不敢抬頭看人，後來慢慢就不怕了。」男孩一直到高三，考起數學、物理，常常「一不小心」就拿得一百分；理科邏輯表現得圓融完整，不曉得跟他從小幫忙看顧攤子、心算數錢，有沒有關係？

「老師，偷偷告訴您哦——週六有時候回家，書包還沒來得及放下，正好有客人來。我也就只好穿著學校制服幫忙嘍！結果哩，生意還特別好呢！」男孩說得既開心又似乎有些不好意思。

哇，原來別的檳榔攤有的是「檳榔西施」，而男孩家出產的卻是「建中檳榔王子」。

真相的背後

我想男孩之所以流露靦腆的模樣，大概是因我曾在課堂上不止一次的批評，高爾夫球場的擴建和檳榔的種植，是臺灣山坡地、水土保持的最大殺手。在臺灣民間俗稱「黑金」的檳榔是屬於淺根植物，山坡地大量濫墾、大舉種植，當大雨來臨時，必然會造成可怕的「土石流」，釀成無法挽回的後果。也曾感慨吃檳榔、吐檳榔汁的「次級文化」，對社會的負面影響甚鉅。

沒想到的是，一個小小的檳榔攤，卻也同樣可以造就出如此心地良善、外貌樸實溫文，聰敏智慧又富情義的好男兒。

如果你曾開車在縱貫線上，路經竹東小鎮，不經意看見一個穿著建中校服的男孩在賣檳榔，請不必太訝異。那不過是週五第八堂班會課，我總讓他提早回家的男孩，正好遇見有客人上門，來不及換下校服，一心只想為母親的檳榔攤，分擔些日曬風吹，省道上的一幅人間美好風景。

—會思想的蘆葦—

物換星移，歲月嬗遞，在建中紅樓任教四十年，教過不少高官子弟，更多的是市農工商、販夫走卒的孩子。

四十年的歲月，歷經九位校長；好幾次，學校希望我入列行政系統擔任組長、主任，可是卻都被我婉拒了。因為我只喜歡教學、喜歡與學生站在第一陣線，喜歡除了教授國文之外，更愛擔任班級導師與這些大男孩朝夕相處，與這些大男孩憂喜分享。

英語話劇比賽，我為男扮女裝的學生抹粉、塗胭紅、妝點口紅、彎下腰為「她們」穿絲襪；全年級大隊接力，我一定在旁大聲喊加油；班級排球賽、籃球賽，我私下偷偷穿起紅內褲求好運，在旁屏息觀戰，遞毛巾、茶水；合唱比賽、團練時，我煮一大壺中藥店買來潤喉揚聲的藥材給他們喝；四天三夜的「課外教育活動」，我一定跟隨他們「上山下海」、夜宿飯店，天天到他們房門口晚點名，才放心回房休息。有的同事會笑我是「大母雞」，舉凡學生的群體活動，一定親力親為，陪伴、「侍讀」到底。

在檳榔攤邊成長的孩子，我教過；大清早就幫母親賣早餐飯糰的孩子，我教過；父親每天要開車十小時以上的計程車司機的孩子，我也教過；每逢假日就要到市場，一面背書，一面幫單親媽媽賣魚丸的孩子，我也教過。

記憶深刻的是，每逢週六、週日，就得幫在萬華夜市賣性感內衣、內褲的單親媽媽照顧生意的小康。

小康身高近一八〇，搭配著一張俊俏的臉龐，簡直比偶像劇裡的男主角更偶像；同學們總愛開他玩笑，說他老是「豔遇」不斷；小康卻是苦著一張臉，滿是尷尬和無奈。因為他幫媽媽顧店的時候，最感困擾的是總有些熟女阿姨，故意拿桃紅性感小內褲問他：「小帥哥，我穿這件如何？」小康告訴我，他只好低頭裝沒聽見。唉，想來是熟女想「吃」嫩豆腐！

帶班、帶學生，我從不以孩子的家世背景來有所「大小眼」，也不以成績高低，給予學生不同待遇。若問我，當了四十年導師，什麼事最值得我得意？那就是看到全班五十人歡樂和諧相處，學期成績總平均96.2的跟平均56.3的，可以共同合吃一碗熱食部的雞絲麵，彼此笑呵呵的「交換」口水。

第3章

成績好也不一定有戀愛腦

兒子被倒追了！

關關雎鳩，在河之洲。窈窕淑女，君子好逑。
參差荇菜，左右流之。窈窕淑女，寤寐求之。
求之不得，寤寐思服，悠哉悠哉！輾轉反側。

《詩經．國風．周南》

「『阿』啦！這種人不『阿』不行！」中午休息時間，還沒踏入教室，遠遠的就聽見有同學在起鬨。

「對啦，阿魯巴就對了。」緊跟著有人也在叫鬧。

所謂的阿魯巴，就是一個人被兩、三人抬手抬腳的抬往校園裡的大王椰子樹前，把被抬者的褲襠朝大王椰子樹幹上的粗礪處摩擦；褲襠的部位其實正是男生傳宗接代的「重要器官」，這遊戲的本質是非常危險而刺激的。據說最原始的緣由是：當某人獲得獎學金、成功保送直升大學或新交了女朋友，同學們就用此「懲罰」，半帶玩笑的慶祝儀式。後來學校嚴正禁止此遊戲，因為實在是極易傷及生殖器官、子孫袋。可是同學們卻仍會私下偷偷進行此遊戲，甚至將「阿魯巴」這樣的行為向上延伸到軍中，向下延伸到許多國中。更有些天真、傻乎乎的國中生，以為要經過此番「洗禮」才有考入建中的可能。

「怎麼啦？」等我一進入教室，同學立刻手忙腳亂的放下被「阿」的同學，逃回自己的座位，留下滿臉通紅、剛才力求掙扎的被「阿」人。

原來被「阿」的正是班上有「數理學霸」之稱的阿智。

阿智雖然有傲人的數理成績，可是向來為人謙和，一點兒也不張狂，怎會惹來被「阿」的下場？

上課鐘響，我繼續上蘇東坡的〈赤壁賦〉，一直到了下課休息時間，才找來剛才「阿」人的同學來探問。方才問一個人，結果卻有好幾個同學七嘴八舌的搶著說：「老師，您不知道昨天阿智生日，結果在補習班收到了什麼禮物？一盒巧克力！」

巧克力？那有什麼好鬧的？很平常不是嗎？

「哎唷——老師不知道其中玄機，那一顆顆巧克力裡包裝的全是保險套！」向來活潑調皮的本淇突然壓低了嗓子說。

哦？保險套？是男生或女生送的？是明示或是暗喻？

我忍不住望向坐在窗口的阿智，只見他雙頰通紅，低頭翻著書頁。

放學後，找了阿智來，想明白整個過程。

「老師，她是中山的。我曾教她解過幾題數學，沒想到她竟然知道昨天是我生日，還丟了一盒巧克力在我桌上。下課時間，我拿巧克力請大家吃，同學才驚呼那裡面包的是保險套，然後就從昨晚一直鬧到今天。」

哦，現在的女生都變得如此大膽開放了嗎？

「老師，她人看起來很溫和含蓄的，大概是跟同學打賭吧？只是我昨晚整堂課都沒心思上，腦袋亂哄哄的，連洗手間也不敢去，因為往洗手間的走道就在她座位附近。」可憐清純少年心，簡直被攪亂了一池春水。

「上補習班補習，重要的是想加強自己的實力。這件事就當作是同學間的玩笑，想看看你這學霸遇見這種『特殊』巧克力的囧相反應，我想那女生也會挺尷尬的，大概八成也是被同學鼓動的。你表現得越是自然平常心，就當船過水無痕，時間一久，事情也就淡化了。」身為導師的我，面對這17歲的少年，只能雲淡風輕的抒解。

被強吻、擁抱的小帥哥

「老師呀，不好意思哦，都這麼晚了還打電話給你。我是奕行的媽媽啦，不曉得可不可以跟你談一下奕行的事？」深夜近十二點凌晨的電話鈴聲乍響，確實有些驚人。

奕行身高一七八，是班上的小帥哥、花美男，同學說他是東方的「布萊德彼特」，舉凡社團校際交流、班際聯誼等等需要跟外校女生聯絡、會面的活動，同學們總是把他當成最佳「樣品屋」般的推出去當代表，以期獲得對方的第一好印象。

身為班上首席「公關王子」，理應「豔遇」會比別人多許多，偏偏小帥哥花美男一點兒也不花心；他堅持，一切等考上自己嚮往的理想大學科系再說。

此刻，在這樣的冬日深夜裡，奕行的媽媽又究竟在為帥哥兒子煩惱些什麼呢？

「我是看他房間熄燈了，才偷偷打電話給老師您的。今天晚上，他補習回來後都快十點了，一進門，我就看他頭低低的卻滿臉通紅。問他到底發生什麼事？他起先一直不肯說，支支吾吾的往房間躲，最後被我逼急了才告訴我。他今天在補習班放學時被一個女生『偷襲』了。」

偷襲？偷襲什麼？

「原來那個女孩前些日子遞卡片給他，說希望能跟他交往。可是您也知道，我家奕行一心只想考醫科，說現在還不想談戀愛，所以回絕了，而且在補習班裡也盡量避開她。沒想到今天晚上，她在補習班走廊上擋住了奕行，然後就抱住奕行，還主動吻了他。」面臨小兒女的青春情事，媽媽說得急切，一顆心似乎比兒子更慌亂、更緊張。

是浪漫韓劇看多了嗎？女孩竟如此不畏世俗眼光，拋下尊嚴的主動親吻男生？

真相的背後

「老師——現在的女生都這麼『敢』、這麼主動是不是？兒子在跟我說這件事的時候，我看他好像也有些不開心，大概是覺得對女孩也有些歉意，是不是？」

「坦白跟老師講，一直讓我躺在床上反覆輾轉，怎麼也睡不著的原因是，奕行在最後竟嘆了一口氣說：『媽，我一直到今天才知道，原來女生的身體竟然那麼柔軟，而且還香香的——』老師呀，您看奕行是不是也開始心動了？」奕行媽媽說得緊張兮兮，好似兒子是唐三藏在行道路上遇見蜘蛛精似的。

兒子長得帥、生得迷人，有女生主動來追愛；身為母親的究竟是該高興還是要惶恐？究竟要接受或坦然婉拒？這麼一個偶像劇式的熱烈一吻，肯定會成為同學間的八卦話題。現代父母面臨Z世代青春兒女的感情表達方式，肯定又是個「燒腦」的課題。

—會思想的蘆葦—

對許多高中生而言，課外補習其實是一個綜合各校男女的重要社交場合。面臨荷爾蒙正暢旺的時刻，異性相吸、彼此探索，原本就是所有動物繁衍生存的本能。

家有青春期兒女的父母，在面對孩子的情愛時，有時還真比自己談戀愛來得更慌張、更茫然。

學業與愛情，孰重孰輕？又可有一定的前後程序、固定法則？如果學業功課是魚，愛情是熊掌；魚與熊掌難道只能擇其一而不能兼得？

Z世代青春心的兒女，感情自主是唯一的信仰，追逐情愛的主動性更早已不限於男性單方；不小心愛上不該愛的人或遇上占有性極強的「恐怖情人」，更可能是情感路上的另一場「浩劫」、難忘的人生歷程。

對於當前Z世代的兒女，為人父母、師長的也許不必再教他們如何「表達情意」，卻急切需要教導青春的心在如何不傷人自尊，也不委屈自己的情況之下，委婉拒絕別人的電波情意、投懷送抱；既要顧全對方的顏面自尊，也才不傷及他人和自己。

過去曾有不少讀者會打電話到學校辦公室，或透過學校官方的E-mail來找我，向我「求助」的，大多是家有「公主」初長成，卻被男生「追」得無處躲而煩惱的父母。

可是近幾年來，接到的「求助」卻顛覆了從前的狀況，如今多的是家有帥哥「王子」初長成，卻被各方「公主」倒追得不知所措的困擾。

曾有一位媽媽就這樣告訴我：「老師呀，現在女生怎麼都那麼主動、那麼『敢』？總是藉口不小心電影票多買了一張或原本約好的女同學不能來，硬是邀約我兒子必須替代。」

男女分手或拒絕對方，最重要的一點是：意志堅定、態度柔軟。

意志堅定，是絕不可以給對方有翻轉、回心轉意、曖昧的遐思；態度、語氣溫婉，主要是要保留對方的自尊，減少傷感的情愫。

男女情愛，其實沒有什麼絕對的誰對或誰錯；只是當熱戀的感覺逐漸消逝時，雙方學習「放下」才是最重要的課題。

生命歷程，感情路上，沒什麼誰非誰就天崩地裂，活不下去的。「謝謝你曾經愛過我」，也許就是彼此最好的 Ending 祝福。

誰先愛上他？

幾日行雲何處去？忘卻歸來，不道春將暮。
百草千花寒食路，香車繫在誰家處？
淚眼倚樓頻獨語，雙燕飛來，陌上相逢否？
撩亂春愁如柳絮，悠悠夢裡無尋處。

馮延巳〈鵲踏枝〉

上午第一、第二堂國文課，我上范仲淹的〈岳陽樓記〉，敘述他生平軼事：范仲淹本姓朱，因父親在他兩歲時過世，母親被迫改嫁。成了「拖油瓶」的范仲淹來到朱家，上有兩個哥哥。范仲淹從小愛讀書，慢慢長大了之後，卻見兩個哥哥天天遊手好閒又愛揮霍，有一天忍不住勸哥哥：

「父親有此家業實屬不易，我們應節儉才好。」沒想到，兩個哥哥卻生氣的回他：「我們花的是我們朱家的錢，干你什麼事？」范仲淹一聽十分驚嚇，再追問，才明白原來母親是改嫁過來的。於是決定跑到長白山上的醴泉寺廟裡苦讀，想憑自己本事考取功名後，再迎母親回范家。

我說范仲淹因窮又缺乏米糧，捨不得吃熱粥，於是總把一小碗稀粥放在戶外，經一夜凝固，待第二天劃成四塊，早晚各取兩塊食用。一條鹹菜齏割成好幾段配粥吃，這也就是「劃粥斷齏」的典故。

我上得津津有味，班上各個同學也聽得專注入神，唯有「數學小霸王」阿鵬卻是雙眼空洞，直愣愣的皺著眉頭，不曉得在想什麼。

阿鵬不只數學強，其他科目也不差，平日表現雖稍嫌拘謹卻也不失彬彬有禮，行事低調，甚至總帶著些害臊的感覺。

到底有什麼心事困擾了這數學小霸王？

中午休息時間，我特地把他找來，帶回辦公室，只見他一路垂喪著頭，一雙耳朵漲得紅通通。

我倒了杯熱茶放他桌前，他坐在我身旁特為同學準備的椅子，仍是把頭垂得低低的。

我輕聲問他：「有什麼煩惱可以跟老師說嗎？」只見他依舊垂著頭，左右猛搖，他越是否認，我卻更肯定他必定有事。「是女朋友突然不理你了嗎？」我決定單刀直入。

「我……我……」一個「我」字都沒說完，他一抬頭，淚水全從眼眶噴了出來。我趕忙拿起桌上的紙巾盒給他。

「沒關係，慢慢說，老師會跟你一起想辦法。」我忙拍著他的肩膀以示安慰。

「老師，你知道嗎？每次她一遇到數學解不出來，都是跑來找我的。我生日，她會送我卡片，有幾次補習班下課晚了，我還特地陪她到捷運站搭車。」我的「數學小霸王」邊擦眼淚，邊嗚咽著聲音說。

「除了這些之外，你牽過她的手了嗎？或，跟她 KISS 過？」看來這個數學靈光，對男女情愛卻一點也不靈光的少年，顯然認定她找他解答數學、她送他生日卡片、他陪她搭捷運，她就是他的女朋友了。

「沒有，我完全沒有碰過她。」

哦，什麼親密動作都沒做過，這又如何稱作男女朋友？

「可是，昨天補習班放學，在南陽街上，我竟然看到她跟一個師大附中的男生一起吃冰，還……還……共用一支湯匙！」說到共用一支湯匙，我的「數學小霸王」竟禁不住大聲哇的哭了起來，這哇的一大聲，可引來辦公室不少老師的眼光。

共用一支湯匙，也等於彼此交換了口水，對我這連女生的手都沒碰過、牽過的純情少年而言，可真是莫大的打擊。從某個隱晦的虛榮角度而言，少年的內心說不定還暗自生著悶氣——一個我聯考的「手下敗將」竟然把我心中的女神、我認定的「女朋友」搶走了，多教人傷心又生氣呀！

「如果她今天又找你解題，你還是會幫她解嗎？還有，你以為陪她搭捷運、她送你卡片，那她就是你女朋友了嗎？」我不得不要求這純情少年，正視「女朋友」的定義，許多誤解可能來自一廂情願，而對方只喜歡「享受」這種美好待遇而已。

「我想，如果她又來找我，我還是會為她解題。」少年一邊抹掉眼淚，一邊認真的回答，而且，我看見了他恢復一臉原有的自信。

「我喜歡她沒錯，可是別人也可以喜歡。再說，我從沒有跟她表示任何感情愛意，她喜歡上別人也是理所當然。老師，您放心，今後我把她當一般同學看待就是了。」純情少年郎，哭過，說罷，又是一片雨過天青。

不小心愛上他

自從南下到臺X女中演講之後，不斷的在我的 E-mail 信箱收到許多青春少女的來信，有的談課業上未能突破的困境，有的敘說父母翻臉吵架造成的憂慮，更多的是說到同儕小女生間的勾心鬥角，而其中最特別的，是自稱「水仙花」的高二女生。

再幾天就要開學了，這是我長久以來的等待，因為我將又可以看到他的身影，聽到他的聲音，專心注視他表情動作十足的講課神情。

他，是我們班的歷史老師。我對他的愛戀只有我那死黨兼換帖的阿秀知道。她在我面前立誓，絕對為我嚴守口風，絕不讓人知道我心中的白馬王子是有「天下第一醜男」之稱的歷史老師。不過她總愛有事沒事問我：「搞不懂耶！那樣其貌不揚，既不帥也不酷的老男人，竟然你也愛？」

誰規定被愛的一定要長得有多帥？他身高大概一六五公分都不到，那又怎樣？我就愛嘛，愛聽他講許多歷史人物的稗官野史，愛聽他奮鬥、充滿苦難的少年時光，還有他在鄉下田野的童年……。

女孩除了敘述自己的迷戀，還十分詳細的介紹自己的家庭和長相。

真相的背後

很明顯的可以發現，這自稱「水仙花」的高二女孩，從小一直生活在一個溫暖快樂的家庭裡，她是家中唯一的孩子，父母都是主任級以上的公務人員；女孩不僅會讀書，也擅長小提琴，她是雙親的掌上明珠，向來享有「萬人疼」的境遇。

這麼一個自幼在順境、歡樂中成長的女孩，偏偏「愛」上一個來自窮困家庭，長得既不英俊瀟灑也不高大魁梧，全靠自己奮鬥才能站上講臺的歷史老師。

在信末，她問我：「就算我不小心愛上他，難道這也錯了嗎？」

—會思想的蘆葦—

愛，從心從受，「愛」字裡面包含了一顆心；愛的本質也就是要人用心感受，以心相待、相守。

愛，本身沒有對錯；愛，是人類情感美好的表達。

不過，如果出發點有所偏執或誤差，這份愛的質感內容，自然也就不免會產生一些雜質與「化學變化」。

水仙花象徵尊貴、自戀又純潔，因為美麗清香的水仙，從來是養尊處優而不識人間疾苦，不清楚人世間窮苦兒女成長過程的艱辛奮鬥。所以當有人把從前自我跋涉的苦難當成故事來敘述時，當別人將鄉間蟲鳴鳥叫、風光水秀換成童年回憶時，無形的也就成為吸引「水仙」欽佩，乃至仰望的另一種魅力。

少女17、18，荳蔻年華有愛有夢，對男女愛情洋溢幻想是正常。

只是「水仙」呀，男女情愛若要長久，是需要以「對等」為前提的。今天你仰頭看他高高在上的站在講臺，口沫橫飛、辯才無礙的說今道古，我想問你：你著迷的究竟是他的博學多聞，抑或是同情他那曾有的成長挫折？

至於我那位因心儀的女同學跟別的男生共用一支湯匙吃冰，而感到椎心痛楚的「數學小霸王」呢？只能說：在情愛的這條路上，他仍是「菜鳥」一隻，太嫩、太一廂情願了。

相信他不顧自尊的在我辦公室，一把眼淚一把鼻涕的大哭之後，終會漸漸成長、慢慢茁壯情感心智的。

他暗戀我，但他和我一樣是男生

多情自古傷離別，更那堪冷落清秋節，今宵酒醒何處？
楊柳岸、曉風殘月。
此去經年，應是良辰好景虛設；便縱有千種風情，更與何人說？

柳永〈雨霖鈴〉

「老師，我是陶哲。老師，我簡直快瘋了，我一定要跟您談談，明天上午可以去您家嗎？」

週末的晚上，是我們全家相聚笑鬧的時光，學生陶哲卻打來電話。陶哲是我任教班級的班長，一八〇公分的身架子，配著一張充滿陽光笑意的臉龐。聽他的同班同學告訴我，自從進入建中以來，他已連續五個學期當選班長。據說他有個綽號就是「職業班長」，因為國中三年，從國一入學到國中畢業，他就一直被同儕拱選為班長。

其實我並不是他的班導，不過我想這少年大概是遇到什麼難題了，否則依他向來的理智和領導力，是不容易遇事大驚小怪，輕易求助他人的。

週日上午十點左右，陶哲來了，而且還帶了一個牛皮紙袋。

「老師，我真不曉得該怎麼辦？」陶哲一進入我的書房，立即迫不及待地打開紙袋，抖落了一桌子五彩繽紛的卡片和帶著撲鼻香味的信箋。

「想你，想你，整夜坐在窗前看書，腦海裡想的卻全是你。」粉藕色的卡片上面繪印著星星、月亮和小茅屋，背面則工整的鋪排著這樣的字句，筆跡細緻而娟秀。

「哦，是那個女孩喜歡上你，在跟你告白？」

「老師，拜託您繼續看下去嘛！」陶哲突然緊鎖眉宇。

「常常幻想著，如果能和你單獨相處，那該是多麼美好，幸福。」淺藍的卡片上，浮印著一束嬌豔的玫瑰，卡片背面的字體依然雋逸。

很想控制自己不去想你，可是卻每每無法做到。昨夜故意讓自己特別用功，念書念到凌晨快兩點才上床，可是躺在床上，輾轉反側，想的卻全是你的笑容。

好幾次你從我身邊擦身而過，每一次，我都有觸碰你肩膀或握住你手的衝動，可是終究我還是忍住了……。

昨天放學在車站遇見你，我的一顆心高興得幾乎要跳出來，想著可以和你共同擠在一部車裡，多開心。沒想到你竟突然說忘了一本書，掉頭又往學校方向走，弄得我一路坐在車裡都不開心。

一張張洋溢著溫馨柔意的精緻小卡片，一頁頁透著香氛、淺粉、淡紫的紙箋、一句句悱惻、思慕的文字；看來，陶哲正受困在一位多情女生的思緒中。

亞當追求亞當

咦，不對，不對，這封信箋怎麼是這樣寫的？

今天中午看著你和阿胖邊吃飯盒邊吵架，吵完罵完後，兩人竟然還一起比賽跑三千，直教我受不了，我嫉妒死了。

她……哦，不，是「他」，他是陶哲的同班同學。寫了這麼多哀哀怨怨、纏綿柔婉文字的，原來也是個男孩子。而他，正以一種少女般夢幻細膩的感情，喜歡著同樣是男兒身的陶哲。

從信箋、卡片上的日期來看，這是近三個月來的事。

「陶哲，你知道他是誰嗎？」

「他一直沒留下姓名，不過，我想大概可以猜得出來他是誰。」仔細端詳這秀麗的筆跡，全班除了李元志，又會是誰？

李元志，是在這高二升高三的期間，才從南部某間名校高中轉學考進來的學生。

南方的炙熱陽光似乎不曾曬過他的皮膚，白皙的面頰靠近些看，幾乎可以見到青青的微血管；長得瘦瘦高高的，看來有些內向，不太愛笑，但待人很有禮貌。

在這堆溫柔卡片信箋背後的「多情女孩」，真是這麼一位溫文爾雅的少年？

「老師，據我的觀察，準是李元志沒錯。真是……真是莫名其妙！現在一看到他，我就覺得又氣又噁心。我受不了啦！甚至，想衝動的找他打架、揍扁他。」

「陶哲，拳頭是解決不了問題的。再說，沒憑沒據的，你怎麼可以確定是他？會不會是有人在故意在開你玩笑？」

「老師，您現在也看出來了吧？這全都是他的筆跡。我最近還特地測試過他，好幾次故意靠近他，然後把眼睛瞪得大大的看他，哇，他就一下子滿臉漲紅，連耳根都紅了。」

「你先別生氣。他是這學期才來的新同學，關於他的過去，我們都不是很清楚，不過冷靜的從另一個角度來看，他走到今天這一步，一定有他的難言之隱，你又何必當眾撕破臉、讓他難堪？」

「何況到目前為止，他一直沒有明示自己的姓名，那也表示，縱使他喜歡你，卻也仍想保有一些自尊和顏面。如果你現在當著同學面給他難堪，那他畢業前的日子要怎麼過？」

「身為高三人，還是讓自己的生活越平靜越好，不受外界事物的干擾，也不要讓班上有任何波動，這樣讀書效率才會高。算一算，距離大學考試已不到一百天，怎麼還有時間讓自己情緒不好？」

「老師您說得對，他固然讓我生氣，卻也有點可憐，我又何必當眾羞辱他？」

陶哲離開前，我一再叮囑：「這件事你不要讓其他同學知道。如果再收到他的信或卡片，不必多看，也不要亂丟。就如往常一般，裝著根本沒有這回事，雲淡風輕。他得不到反應，或許也可以慢慢平淡下來。」

真相的背後

第二天，在學校辦公室，我特地去找陶哲的班導師談話，他是一位以教學嚴厲的英文老師。

「邱老師，你班上的轉學生李元志文章寫得很不錯，不曉得他在其他科表現如何？他跟同學處得還習慣吧？」

「他呀，國文不錯是不是？數理也還可以。就是看起來怪裡怪氣，不太理人，也不太愛笑。」

第三天作文課，我特地請李元志收齊同學的作文，送回辦公室。

「元志，你來學校三個多月了，一切還習慣嗎？有沒有交到談得來的好朋友？」

「習慣呀，跟我南部的學校其實沒什麼差別，不過班上同學在理科方面好像都比我強，實驗課也比原本的學校多許多。」

男孩看來似乎敏感而極易臉紅，沒說幾句話，竟然臉頰、耳根、脖子已映染得一片躁紅，襯著白皙的膚色，恍恍然給人一種特異的豔麗感。

「可以告訴老師，為什麼想轉學來臺北嗎？全家都北上了嗎？」

「爸媽自己開貿易公司，常常很忙，我是家裡唯一的孩子。老師，還有事嗎？」只見他耳垂依舊赤紅，可是說話的聲調卻已開始提高；一雙機靈的眼神隱隱在閃爍，有若遇警的刺蝟，已將羽刺一根根逐漸豎起。

「老師希望你在這裡把書念得更好，跟同學相處愉快。班上有不少高手等著你較量，想考醫科肯定不難。」

「謝謝老師。」

伸手想拍拍男孩的肩頭，未料，他鞠躬一轉身，不知是有意或無意，竟將肩頭輕易閃過我手。

日子一天天逼近七月大學聯考，一切也都很平靜。

陶哲有天悄悄告訴我：「最近那些粉紅信箋已經不再出現了。」

大學聯考放榜，陶哲從第三類跨到第二類組，跑去成功大學念他喜愛的建築系；元志和班上十多個同學都上了醫學系，分布在北中南的醫學院裡。畢業後，幾次同學會裡，隱隱約約總有人提起李元志，說他現在可是「如魚得水」，在醫學院裡找到了不少同好、新伴侶。

—會思想的蘆葦—

陶哲與元志的「故事」，事實上距今已十多年；當年既沒有「彩虹旗運動」，更沒有「多元成家」、「同性婚姻」這些名詞。

亞當愛亞當，不行嗎？夏娃迷戀夏娃，又礙了誰？

民國一〇六年五月二十四日，司法院大法官作出解釋，要求對同性婚姻限期立法。

民國一〇八年五月二十四日開始施行：20歲以上可以自己決定，年滿18歲未滿20歲的，才需法定代理人同意，無論結婚或建立同性伴侶關係，卻不以公證為必要。只要有兩名具完全行為能力人，為結婚契約的證人，雙方向戶政機關辦理登記，即可成功締結身分關係。

男男愛、女女戀，如今已可以合法且公開。

分手真能快樂嗎？

明月幾時有？把酒問青天。不知天上宮闕，今夕是何年？
我欲乘風歸去，又恐瓊樓玉宇，高處不勝寒。
起舞弄清影，何似在人間？
轉朱閣，低綺戶，照無眠。不應有恨，何事長向別時圓？
人有悲歡離合，月有陰晴圓缺。此事古難全。
但願人長久，千里共嬋娟。

蘇軾〈水調歌頭〉

許多高中生對課後的校外補習，總是既痛恨又喜歡。恨的是在每天大清早奔到學校，上了七、八堂課之後，還得辛苦的踏著暮色到補習班「趕場」；可是心中往往又竊竊私喜，在那充滿帥哥、辣妹的大教室裡，和來自不同學校的男男女女並肩上課，又是多刺激、過癮呀！

號稱「天下第一帥」，身高一七八、貌勝布萊德彼特的阿鋒，就是在一家英文補習班裡結識了據說也是「天下第一美」的雅雅。

俊男配美女，不是挺登對的嗎？

一旁的同學卻總愛捉狹著笑說：「是呀是呀，非常『速配』，因為都很自戀嘛！」

英俊的阿鋒王子和漂亮公主，從高二下一直到高三上學期結束，顯然都處於相看兩不厭的時光中。可是不曉得為什麼，才剛過完寒假，剛開學沒多久，漂亮公主卻主動提出了要跟阿鋒王子分手的要求。而公主的唯一理由是：想專心準備大學聯考。

王子不死心的反駁：「我們這樣在一起又沒有耽誤功課！」在公主依然堅持分手的情況下，王子只好心不甘、情不願的跟公主保持距離，以免引來公主動不動的叫嚷，說阿鋒騷擾她。

令人傷感又意外的是，「分手」後不到一星期的一個補習下課夜晚，阿鋒王子親眼目睹公主跟另一所學校的男生手牽手，鑽進巷弄裡的一家小吃店，兩人有說有笑、肩碰肩的擠著合吃一碗米粉湯。

不愛就算了吧，又何必騙人？

我一點也看不出那個人有什麼地方比我好？哼，讀那種學校，也不想想高中大會考時考輸了我多少分？

恨呀，恨透了！我覺得自己被人背叛了！

我簡直不敢相信，向來自信、從不給其他女生好臉色的我，竟然也會有失戀、被拋棄的一天。

可憐的帥哥阿鋒，似乎被這突來的情變打亂了讀書的心，情緒起伏跌宕，難以自己；在我命題「責任」的作文裡，竟然寫了許多跟主題無關的文字，抒發「失戀感言」。

我愛她，她也曾深深愛我；為什麼一扭頭就變了心，不理我？是我做錯了什麼嗎？還是我不夠優秀、不夠好？

深情與癡心，是許多青春兒女深藏心底的另一種纏綿；一種很難以理性批判，以邏輯來分析的心靈感受。

看別人為情狂笑、為愛落淚，總以為那是件滑稽而不可理喻的事；可是當自己置身其中時，往往才發現自己不知該笑還是哭。

我不想當「備胎」

他到底喜不喜歡我？究竟是愛我比較多，還是愛她更多一些？

一直到大前天，我才終於知道，原來我是他的「備胎」，在他約不到她喝珍珠奶茶，拉不到她的手，無法並肩依偎看午夜場電影時，他才會想到我，趕忙打手機、傳簡訊給我。

越想越生氣，半年多來，我扮演的不過是他愛情路上的後補備胎，我根本不是「正宮」娘娘。

算了，算了。既然他這麼三心二意，我又何必太在乎他的感情，是不是？切呀，切就切嘛！從此一刀兩斷、永不相干也好。可是又想想，他怎麼可以這樣耍人？太可惡了。

為什麼別人是「正」，我卻是「副」？我有那一點不如她？憑什麼她是「正取」？我卻成了「備取」？

接到女孩的長箋，是在兩天前；就讀一所技術學院土木工程科二年級的小群，字裡行間充滿著愛恨情仇，糾纏不已。

小群的信裡對男主角的描述並不多，不過可以得知的是，對方曾在系上擔任助教，瀟灑俊帥模樣迷倒不少女同學。至於另一個「正取」的女孩，究竟有多美或多媚，她卻是隻字不提。

真相的背後

少女情懷總是詩，少男心事有誰知？

在這有如春日繁花盛開的流金時光，又有哪顆年輕的心，能抑遏自己不編織五彩夢幻？不暗暗嚮往浪漫情愛？

多年前，為了教育部實施的「六年輔導工作計畫」，我前往宜蘭為七百多位國中老師展開六場，每場近兩百分鐘的「輔導知能」專業課程，授課內容是「師生溝通技巧」、「教師個人情緒管理」與「班級經營」。

結果在第一天下午的點心時間，就有好幾位老師在閒談時告訴我：「那個男孩呀，從小就是我們這裡有名的資優生，個性溫和，人長得又帥，高中聯考跑到臺北考，一考就是你們建中的呀！大學放榜，上的又是第一志願的臺大電機系，接下來上研究所，也是十分順利。可是聽說前一陣子跟女朋友吵架談分手，竟然就從十二樓跳了下去……」

十二樓層，多高呀，多令人心慟心疼的結局！

為什麼？為什麼一個從小被鄉里父老、學校師長稱讚，備受同儕欣羨的資優生，在面對感情挫折的當刻，卻是這般的激烈又脆弱？

為什麼？為什麼這樣一個資質優異、稟賦聰穎，在讀書考場上向來攻無不克、戰無不勝的「人生勝利組」，卻無法以理智冷靜面對情感困境？

大學課程裡，常最讓理工學院學生膽顫心驚的「微積分」，對他而言一點也不困難，偏偏卻無法為自己的愛情解碼？無法在情海波濤中，勇敢自我提昇、游泳上岸？

優秀男孩在求學路上，一路走來多麼順暢風光，卻是在遭逢情愛關卡時，竟然一下子就被「打敗」了。實在令人感慨良深，無限惋惜。

記得不久前，清華大學化學研究所博士班的一位學生，為了想挽回女友的芳心，竟然異想天開的在實驗室熱水瓶和冰箱牛奶裡，摻入了氯化汞劇毒，以至好幾個同學遭池魚之殃，還差點送了命。

根據警方深入調查，這博士生下毒的動機全在一個「情」字；他以為女友如果因此病倒，就可以藉機照顧以求恢復舊情。

結果呢？愛人不只沒有回到身邊，自己卻因此犯法；原本期待的鴛鴦蝴蝶夢，最終落得學業、前程、愛情盡失。

—會思想的蘆葦—

問世間情為何物?直教人死生相許。

知名學府、高學歷的博士生，面臨失去的愛情，竟理智斷線般的「演出」這般荒謬的追情手段，看來聰明IQ與情感EQ是仍有待改造、調整。

電視螢光幕上，男女主角為愛呼天搶地，動不動就掏心挖肺的表白，事實上是不存在現實生活中的呀!奇情小說中，詭異且背離人情的逐愛方式，在真實的人生裡，根本難以維持。

愛情呀，愛情!誰說一定要淒涼才美?誰說一定要「特別犧牲」才動人?在人生眾多情感中，愛情不過只是其中一小部分;生命裡除了小情，更別忘了還有大愛。

父母恩深似海，兄弟手足情亦真，還有師生間的溫情關懷，同窗友誼的真誠柔美……生命因為擁有這許多感情才顯得豐富而實在。

在芸芸眾生中，大大小小無數求愛逐情的心，有時難免會遇上「我所愛的人就是他，偏偏他卻愛上別人」的處境；相信這也是考驗個人智慧、學習包容、祝福的最佳時刻。

有人說：「年輕的你就像一棵樹，但願你能為這世界增添美麗的風景。」但願，在戀愛的路上，可別為了一片豔麗的楓葉而遺忘了整片森林。

愛情的激流中，不能缺乏真誠熱愛；在分手的渡口邊，更需要溫柔善待的藝術。如果無法再愛下去，也請切莫彼此傷害。

兒女在情感路上遭遇挫折失敗時，有的會大聲呼天搶地的發洩，有的卻是悄悄的躲在角落，把自己「封閉」起來，暗自啜泣，舔舐傷口。

千萬不可以嘲笑兒女的情愛「幼稚」，身為父母的成年人在歷經無數人生「風吹雨打」的磨難之後，總認為兒女的情愛不過是 puppy love 罷了。殊不知，父母無意的一句諷刺，有如輕鬆打個噴嚏，可是對兒女而言，卻似得了重感冒，痛徹心扉。

當父母、師長面對兒女的失戀時，建議用心「傾聽」是首要。先進入兒女們的心房，與他們站在同一陣線，用了解和包容來體會兒女受傷的心情與顏面，繼而必要的「示弱」，表示自己在年少時也曾遭受失戀的打擊，最終又是如何在失意傷感中毅然決然站起來，才有機會遇見「下一站」美好的情愛。

當憂鬱症找上門

春歸何處？寂寞無行路。若有人知春去處，喚取歸來同住。
春無蹤跡誰知？除非問取黃鸝。百囀無人能解，因風吹過薔薇。

黃庭堅〈清平樂〉

「陳老師，今天能在這裡碰到您，是孩子的福氣。看他剛才跟您說話的神情，笑得多開心啊！我們做父母的，已經好久沒見過他的笑容了……您可以想像一年多前，他比現在整整少了十幾公斤的模樣嗎？那時，我跟他爸爸死拖活拉的，好不容易才勉強他去看精神科，醫生說他得了憂鬱症。吃了藥，接受門診醫療，這半年多來，他的情緒安定多了，體重也慢慢回來了。不然，瘦得多嚇人呀！身高一七八公分的人，竟然可以瘦得連

50公斤都不到。」男孩的母親緊緊握著我的手說著，幾度努力掩抑的淚水禁不住衝出眼眶，撲簌簌的掉落在精緻翠綠的衣襟前；站在一旁，出身將門軍旅，身材高大魁梧的男孩父親，趕忙伸手扶住了她的肩。

「有好幾次，我一直跟他講、勸他，希望他能去找您談，可是他怎樣就是不願意。他總是說：『我現在這個樣子，老師看到了要有多傷心？我有什麼臉見老師？』……老師，您最了解他了，他就是那種死心眼、癡情執著的孩子。什麼事都情願自己吞忍、受苦。」男孩的母親說著說著又哭了，男孩的父親很快的從口袋裡抽出一條雪白的手帕給她；從很多細微、自然的小動作裡，可以很明顯的感覺到這對夫妻的恩愛。

是呀，人世間的安排，有時候是多麼玄妙又特別；在這七月氣溫高達36、37度的大熱天裡，為了幫正投身大學聯考的子弟兵加油，我也只能頂著暑熱四處奔波，因為今年學生們的考場正好分散在四個不同的考區。

沒想到，就在這靠近郊區的國家考場，我遇見了三、四年不見的阿聖和他的雙親。

阿聖，是個才華洋溢的少年，良好優渥的家世使他從小就彈得一手好鋼琴，吹奏起薩克斯風也很迷人；他的外貌承襲了父親的威武英挺，卻也兼具了母親的溫和氣質；他是家中唯一的獨生子，也是父母的心肝寶貝。

記得那年擔任少年班級的國文老師，有一回，我因受了點風寒而咳嗽不止，偏偏班上的麥克風竟然也故障「失聲」；雖然班上同學一再要我保重、休息，可是為了課程進度，我還是不顧一切的照咳、照講不誤。

就在第二天上課的清早，我在辦公桌上看到一個粉紅色包裝的精緻小禮盒，上面浮貼著一張小卡片：

雖然今天不是情人節，可是我們仍希望給老師一份驚喜！因為，您是我們永遠的——情人。且敬祝您早日康復，21班全體同學。

拆開那深粉的綵帶，打開盒子，裡面放著一支秀氣、金亮的麥克風。其實我認得出卡片上端正的字跡，那是阿聖寫字的特色；我相信一定是他私下掏腰包買來送我的，而他的體貼心思尤其令我感動。

可是不曉得為什麼，冥冥中，我總暗暗的為這外表充滿「王子」般高雅氣息的少年，隱隱約約的有些擔憂和掛記。

暗中思量像他這樣感情細膩、心思單純的少年，將來在情愛的追逐路上，如果偏偏遇上一個花心、不肯專注的女孩，他會怎麼辦？

真心偏逢絕情

阿聖和那女孩發展出的戀情，不可以說是宿命，也不能稱是「孽緣」；就心理學的觀點而言，事實上是一種感情互補的「投射」作用；男生家教森嚴，所以凡事守規矩、一板一眼，也因此偏偏會愛上一個活潑外放、喜歡喧鬧的女孩。

在阿聖和那女孩交往沒多久後，阿聖的母親就不止一次的打來電話，告訴我：「那個女孩阿聖帶回來過一次，哎唷，吱吱喳喳的，話說個不停，手舞足蹈，笑起來更是百無禁忌，既誇張又大聲，我擔心兒子被她迷了魂。」

阿聖上了大學後熱烈瘋狂迷戀的女孩，正是那種情歌可以唱整晚，熱舞可以跳通宵，上身穿露膀子、露背的窄衫，而且永遠還要露出掛著銀環的肚臍眼，喜歡在眾人中狂囂尖叫的女孩。還有，她也是戀愛老手，更換男朋友的速度就像換件外套罷了。

偏偏阿聖的家教太嚴謹了，除了認真讀書、玩玩樂器，談情說愛對他來說太陌生了。

阿聖跟女孩交往不到三個月，在女孩的慫恿下，曾經幾度向父母提出想搬出去和她一起租屋居住的想法；當然，阿聖沒得到父母的同意。

到了第二學期，有一天，女孩只丟給阿聖一句話：「抱歉，我無法跟化工系的人溝通！」然後才一轉身，就跑去跟一個醫學系，開 BMW 跑車的男孩，手勾手、卿卿我我去了。

真相的背後

大一新鮮人的日子還沒結束，少年原本閃亮的青春年華，卻瞬間變得黯淡無光。

升上大二之後，阿聖對那女孩的思念卻是越陷越深，他沒責怪任何人，卻嫌自己什麼都不如人。他神情恍惚、讀不下書，甚至容易哭泣、經常感到沮喪，夜裡時常輾轉反側、難以入眠；甚至有一個夜晚偷偷吞了大量安眠鎮定劑，還好被發現得早，送急診，救回小命一條。

因為我的癡情卻遇上你的絕情，你的堅決瀟灑揮手別離，正是我無法承受的痛。

情緒屢屢沉落在陰暗隱晦的谷底，上課無心思，書本更是看不下去，最後父母只好為他暫時辦了休學。

當年高中的同學已經都念大四了，少年才好不容易收拾起心情，重拾書本，甚至勇敢的走入補習班，準備大學重考。可以預見的是，當少年的昔日同學戴起畢業學士帽時，他才又重新回到校園，當起大一新鮮人。

近五十年來，青少年憂鬱症盛行率暴增三倍，「身心健康與疾病預防」已是一〇八課綱健康與體育的學習重點。根據衛福部的統計，二〇一九年，15～24歲國人中，有高達二百五十七人因「心理因素」輕生。

自殺，不能解決問題，

求助，才是良好的路。

請打1995（要救救我）專線求助。

—會思想的蘆葦—

年少懵懂，為愛癡狂。

少年從小受的教育是正向保守的。正向保守沒什麼不好，只是太單純、太玻璃心了；以致少年在初嘗愛情甜蜜滋味不久，卻莫名的被迫吞下失戀的苦果，他就措手不及、不知所以。

他是善良的，所以沒有「報復」的心，卻也因此自卑的嫌棄自己，甚至傷害自己。

在求學的路上，少年過往一直是披荊斬棘、所向披靡的；可是在感情的「戰場」上，他卻是渾然不知天高地厚的「新兵」小卒，不明白異性心思的詭譎多變、不留顏面。

歐陽脩說：「人間自是有情癡，此事無關風與月。」

李商隱道：「此情可待成追憶，只是當時已惘然。」

但願少年阿聖在重新邁入大學校園時，又將是生龍活虎的另一個開始。

在生命的波濤中，愛情值得玩味，或許無法淺嘗即止；但它終究不過是各種情感中的一種，可以傷逝、可以消失，也可以有或無。

但是讓自己如何健康、智慧的活下去，卻才是最必要的。希望阿聖歷經失戀的洗禮，不再是那麼草莓情、玻璃心了。

學業成績優秀的孩子，往往是最讓父母放心甚至引以為傲的，卻常常忽略了青春兒女的情愛世界，以為會念書的孩子面對感情肯定也「勢如破竹」。

依我擔任青春兒女四十年的教學、導師經驗觀察，越專注於學業功課的孩子，心思往往大多投入在學業上，對男女情愛反而是單純得近乎「笨拙」，以至於在男女情愛的「戰場」上，經常一下子就舉白旗、鎩羽而歸。

提醒親愛的爸媽們，功課傑出的孩子，並不表示他（她）是全能。

孩子們的情愛EQ仍待成年者「提點」呀！

勇敢面對戀愛惱

野有蔓草，零露漙兮。有美一人，清揚婉兮。
邂逅相遇，適我願兮。
野有蔓草，零露瀼瀼。有美一人，婉如清揚。
邂逅相遇，與子偕臧。

《詩經．國風．鄭風》

再差五分鐘就八點，只見明祥一手抓著書包，一手提著奶茶和三明治，氣喘吁吁的跑來，頭一低就從教室後門竄往他那臨窗靠角落的座位。

一星期來，這幾乎成了他每天早上固定的「演出」。

更有好幾回在課堂上，看他原本盯著黑板的眼神一下子移到了窗口，然後再緩緩飄向教室外的藍天白雲；整個人傻楞楞的不曉得在想些什麼，嘴角卻勾著一抹難以掩飾的笑渦。

明祥這般精神恍惚的模樣已經不是一天兩天了。雖然他的學業功課稱不上班級頂尖，雖然他平日不擅言辭，甚至內向而易害臊，但是由於他向來熱心班務、脾氣又好，在班上倒也贏得極高的人氣與評價。

私下探問周遭與他較親近的同學，結果莊小胖和阿華都笑瞇了眼，悄悄的說：「自從上次『熱音』成果發表會後，他就被電『暈』了。」莊小胖還調皮捉狹的補充：「他是老實人，所以被『電』起來就像遇見高壓電，成天魂不守舍，幾乎沒心K書。」

哦，原來我們的忠厚小生因一場校際成發會，不小心墜入情網了。

「明祥，老師發現你最近好像跟從前不太一樣，上課常發呆，好像在想些什麼，到底是怎麼回事？」

「我、我……哎呀，沒怎樣啦！」情竇初開的少男支支吾吾，緊抓著初戀的自尊，不肯告訴我謎底，卻是耳朵、脖子急得都紅了。

「說真的，老師認為男女交往並不是什麼見不得人的事，不過如果因此成天朝思暮想、精神恍惚的話，不必等大學學測來打垮你，只怕你自己就要被自己擊倒了。」

「老師，我、我從來沒有跟女生單獨交往的經驗。自從上次成發結束後陪她去搭公車，後來又約了一起吃冰、看電影，我的心就很難安定下來。說出來也不怕老師笑，我發現有時候只要一打開課本，她就會出現在書上……」說著說著，眉宇間已隱隱約約的皺了起來；可見初戀的滋味固然甜美，無法安心專一讀書的情況，卻也明顯的令他陷入掙扎。

雲林「戰艦」的苦惱

和班上來自雲林土庫的「戰艦」相比，明祥的問題可是單純多了。

同學們老愛調侃他是雲林「田僑仔」的周大健，身材粗壯、皮膚黝黑、嗓門又大，綽號「戰艦」，是班上的風紀股長。

在一個下雨的入秋午後，他突然帶了一個長相清秀的女孩，急慌慌的跑來我家。還來不及進門，緊躲在他身旁的女孩早已哭得稀里嘩啦。

「老師，代誌大條了啦！無論如何，您一定要幫忙，不然她說她沒臉活下去！」

什麼事這麼嚴重？我趕忙帶他們到書房。

「來，先喝點熱茶再說。心裡如果難過得受不了，就先哭個痛痛快快，再慢慢告訴我，不要急。」第一個閃入我心頭是，莫非「戰艦」闖禍，要當小爸爸了？

想想，這樣15、16歲就離鄉背井，肩負著家鄉父老殷殷期盼，獨自跑來閃耀著繽紛霓虹燈、繁華熱鬧的「天龍國」闖蕩的孩子，那顆年少敏感、多情的心又怎能不被挑動？

「老師，你不要誤會哦，跟她的不是我，是林毅！」「戰艦」急切澄清的聲音才剛落下，一旁的女孩更是抽搐著瘦弱的肩膀，哭得好傷心。

原來戰艦、林毅和女孩全來自同一鄉鎮，從小就是鄉里父老口中的好寶寶、聰明資優生；三人果真不負江東父老的期望，北上「征戰」，除了林毅考上第二志願，其餘二人全上第一志願明星高中。

女孩和林毅升上高二，全選上第一類組文法商，兩人也就越走越近，兩顆青春年少的心無法遏抑，不由自主的燃起愛情的火；在一次相約卡拉OK包廂，歡唱綿綿情歌之後，原本矜持、力求「規範」的事也就自然而然的發生了。

真相的背後

「老師，我媽媽如果知道的話，一定會把我打死。我、我『那個』已經晚了快兩星期了。我怕……我怕是不是有孩子了？」女孩白皙的臉龐掛著淚，也掛滿驚慌和恐懼。

「便利超商或藥妝店不都有賣驗孕棒嗎？你驗了沒？」我問。

「驗是驗了，可是我怕不夠準確。」女孩的回答仍帶著微微的顫抖。

「那林毅呢？」

「他嚇得躲起來了。聽說已經請假兩、三天，沒到學校上課了。」女孩低著頭，小小聲的說。

「經期時間來晚了，並不表示一定是懷孕。有時候感冒生病或太過緊張、精神壓力太大，都有延誤的可能。我想，我們現在就去找一家檢驗所做精密檢驗，等答案確定後再來想辦法。還有，你仍未成年，如果真有什麼事的話，也還是得由父母出面才可以。」

驗尿檢驗報告很快就出來了，確定沒有懷孕。

至今我仍清楚記得，當女孩知道沒懷孕時，立即一副「欣然有生望焉」，破涕為笑的燦爛笑顏，兩串晶瑩喜悅的淚珠也跟著潸然而下。

會思想的蘆葦

青少年時期是人生中最充滿希望、愉悅的時期，因為在這段期間裡，內心總有無數的美夢、憧憬正源源不絕的湧現，可是，青少年時期也是最容易潛藏各種危機，充滿徬徨、自我壓抑的身心「風暴期」。

17、18歲的少男、少女對異性尤其「好奇」又「敏感」，懷春的心境對戀愛更是想像無限；感情極端豐富，心靈又十分脆弱。如何能以理智來駕馭感情，使原先單純的友情不至成沉溺、變質為孤注一擲、充滿占有欲的情愛，恐怕仍需親近的父母、師長在旁隨時伸出雙手。

我曾應衛福部主辦的「家庭生育計畫中心」邀請，為確定青春兒女對性欲情感的認知，而特地在宜蘭、臺中、嘉義，舉行了三場專科校園的「兩性應援座談會」。

從這些青春亮麗的容顏裡，從這些男男女女活潑、直率的性愛「大哉問」裡，可以更深刻、更貼切的感受到這群Z世代兒女的情愛、性欲觀。

◎以下的問卷，請爸爸、媽媽和正當年少青春的孩子一起來作答：

1. 月經不準時的女性，懷孕的可能就比較小。
2. 男性的精子在女性體內，可以生存兩至三天。
3. 口服避孕藥的用法是在每次性交前使用。
4. 男性陰莖的長短會影響生殖能力。
5. 女性在下一次來經前兩星期性交，懷孕機會比較小。
6. 男性精液就是精力來源，精液不射出，可使其轉變為血液，增加體力。

正確答案：①×②○③×④×⑤×⑥×

在提出問卷詢問這些青春熱體關於性的教育常識時，絕大部分的同學倒是都答對了。其間，有一位男同學十分勇敢的提問：「男女偶而發生一次性交，導致懷孕的可能性是不是就比較小？」

以機率來換算，確實「中獎」的機會可能比較低，但這種心存僥倖的意念，實在萬萬使不得。

有人說，初戀最可貴也最難忘，但是過早支付的情欲，卻因情緒不穩、學業未成、身心未臻成熟，終究不免落得黯然分手、心靈受創。

要青春跳躍的心，對感情不存幻想，是不合人情也是不可能的事。但是夢歸夢、情歸情，還有許許多多的事需要我們來關心投注，不是嗎？

青春正狂，彷如正待成熟的青蘋果，在酸澀且微甘帶甜的日子裡，有夢、有愛，更不能少了理性、智慧來醞釀，方才有真正芳香甜美的未來。

性不性，行不行？

洛陽城東桃李花，飛來飛去落誰家？
洛陽女兒惜顏色，坐見落花長嘆息。
今年花落顏色改，明年花開復誰在？
已見松柏摧為薪，更聞桑田變成海。
古人無復洛城東，今人還對落花風。
年年歲歲花相似，歲歲年年人不同。

劉希夷〈白頭吟〉

「記得在念國小的時候，有一天，有一家衛生棉公司來學校跟我們談一些女性生理變化的常識，同時送給每個女同學一小袋衛生棉。結果班上有個很『大尾』的男生，放學時故意把衛生棉黏貼在黑板上，而且大聲的警告每個同學，絕對不准去撕下來。我們都很清楚他的意思，他就是想看班導第二天早自習時，見了這樣的『場景』會有什麼反應，他想試探班導的『爆發力』，看看她會怎樣的『大發雷霆』？我們班導是個三十多歲的未婚女性，很認真也很會打人。考試如果沒達到她要求的標準，她就會高舉她那『愛心小手』；少一分，打一下。」

「結果第二天一大早，班導進入教室，果然一眼就看到衛生棉了。沒想到她卻臉不紅、耳不赤，面無表情，若無其事的拿下那片高貼在黑板上的衛生棉。什麼話也沒說，也沒有罵人，就拿起課本，照常講課。」

「陳老師，您覺得這樣的處理對不對？」第一個首先舉手發問的，是一位留著俏皮短髮的大一新鮮人；衛生棉事件，就是由她提出來的。

我回答：「你的班導是高EQ的人，她若無其事的態度，正好跳開了那個男同學故意挑釁所設下的陷阱，以免引起師生無謂的紛爭。不過我倒認為可以利用一點時間，跟同學們談談男女性別之異同與成長方式，讓同學們更加學會男女間的相互尊重。」

應臺灣師範大學心理輔導系的邀約，我為他們作了一場「如何與青少年談情論性」的專題演講：時間是週五晚上七點到九點，最後卻是一直到快十點半了，方才能勉強脫身，離開現場。

記得在講演結束時，眼見上百雙熱切的期待眼神，要求我再與他們深入討論；於是特地留下來與這批即將在未來進入國、高中校園，擔任輔導老師的男女同學一起探討各類問題。

接下來又有一位大四，即將畢業擔任實習老師的女孩問：「前些日子，我曾經到一所國中代課。沒多久就發現班上有個女同學，不管是上課或下課，跟男同學說話總是喜歡動手動腳、打打鬧鬧，甚至摟著肩，頭碰頭的——哦，通常是她用手去摟男生的肩膀，動作、態度都十分親密、輕挑。我忍不住跑去跟他們班的導師談，結果那個女老師對我說：『哎呀——別理她！她根本就是個大花癡。』陳老師，請問您，我該不該插手管這件事？我可以主動輔導她嗎？」

我告訴她：實習代課時間不過一個月而已，如果太主動介入輔導，極可能引致班導師和輔導老師的不悅。不是要你都不管，而是如果在你眼前「演出」，就私下和顏悅色與那小女生談談即可。

接著一位正在擔任實習老師的男同學，有些靦腆的問：「我現正在萬華區的某個國中實習，常常碰到女同學下課時包圍我，而且會用手指戳我的胸部說：『老師你有練哦，你有六塊肌哦。』弄得我實在耳朵發燙，不知所措。」

「陳老師，你有沒有遇過學生未婚懷孕的情況？哦，建中全是男生，他們當然不會懷孕。我的意思是，男方使女方懷孕了，而兩個孩子卻不知道怎麼辦的情況？」

同學，你忘了之前建中那個已確定申請到臺大財經系的男孩，因為他那同為高中生的女朋友懷孕了，在可能擔心被父母責罵，也可能害怕辜負父母期待的情況下，就從住家二十層樓「墜樓」的悲劇嗎？

17、18歲的青春兒女，對性的好奇與衝動是必然的，如果不小心真的「肚子大了」，其實也不是什麼大不了的事；重要的是，如果父母、師長知道了，請不要急著指責，要主動關懷協商，看是要將孩子生下或施予優生流產？把肚子搞大了，終究天也不會塌下來；面對它、尋找信任的師長或親友一起來想辦法解決，而絕不是拿生命來交換。

「現在的國、高中生，真的就如報章雜誌上的報導，近五分之二都有性經驗？」瀏海齊眉、長髮披肩的一個大三女孩問著。

「冒昧請教學姐，你25歲就進入建中任教，這麼多年來，有沒有學生寫過情書給你？在教學上，你有沒遇過學生男男愛的困擾？」

「請問學姐，你說你一直不願擔任學校的行政工作，卻一直堅持擔任班級導師，在導師的職位上，天天處理那麼多學生的問題，難道你從不會厭煩嗎？你是如何一直維持對教育的熱忱？」

是呀，建國中學是一所清一色男生的高中，一九七八年，當我應聘來這所學校的時候，學校裡除了日間部還有夜間部及夜補校，學生人數超過六千人。

教了那麼多年，教了那麼多個17、18歲的青春少年，難道就從不曾被學生偷偷愛慕、投遞情書嗎？

可以坦白告訴各位學弟、妹，愛慕情書，確實一封也沒收過；曾經好一段時間，每天清早的辦公室桌上，永遠放著一朵玫瑰花；是哪位同學送的，我從未去追查。教學的初始十年間，倒一直有「大膽」的學生要認我當「乾姐姐」；對不起，我既是老師，絕對與學生要保持必要的「距離」，認什麼「乾弟弟」的就不必啦！

莫非是美儒老師長得太「安全」了？還恰北北、凶巴巴的，所以學生不敢表達愛意？

究竟我的外貌長得安不安全？自己很難下分數評定。

不過所謂的「凶巴巴」，大概絕不會是我所有；我從不曾疾言厲色斥罵過學生，因為我始終堅持凡事都可以溫柔語氣、理性平和溝通。

師生相處之道

跟學生的相處，我一直在乎的是：真誠。

真，就是教學認真，且上課要多些課外趣味故事；為了希望同學省去買參考書的費用，我自編、自製了許多講義作為補充，免費發給同學。

誠，就是誠信。希望每個學生願意信任我、親近我，願意把心事告訴我；期盼與他們一起感受快樂，也願共同分擔煩惱。

英語話劇比賽、大隊接力、班級合唱比賽、籃球賽、排球賽、四天三夜的校外畢旅、戶外教學活動……舉凡這些群體活動，我一定親力親為，親自到場加油、打氣，像母雞般的保護每隻小雞。

所以學生常常在畢業多年之後，不論在國內或國外，他們總喜歡捎來卡片、信箋或照片給我，與我分享生活的近況。

說真的，寄來感恩言謝的文字、信函，總是年年歲歲不間斷，愛戀情書卻始終一封也沒收過。

真相的背後

在一大堆年輕學弟、妹的熱情包圍中，我慎重告訴那些即將踏入中學校園擔任輔導工作的老師們：一個人長得美不美、帥不帥、年輕與否，並不會影響個人的教學品質和與學生的溝通能力。

重要的是，自己所表現的言行態度與思想理念，才是最具影響力和感染力的；學生會不會敬重你、喜不喜歡上你的課，也就全著眼在這一點。

一個不具同理心，不能站在學生立場為學生著想的老師；一個心懷功利主義，只偏好疼愛擁有好成績、好家世的學生的老師；一個喜歡用尖酸刻薄的言語去諷刺學生、去羞辱學生的老師，是讓人避之唯恐不及的。

至於談到男女兩性間的相互吸引、迷思與誘惑，倒是當今每個青春個體和為人父母、師長的，都當去認真審視的重要課題。

—會思想的蘆葦—

這幾年，臺灣社會多元化的發展，使得無數青春男女有更多機會接觸異性，選擇自己想談的戀情、想過的生活方式。

可是在擁有了更多自由、打破了許多禁忌之後，充滿自主性的Z世代年輕心靈、青春個體，似乎並沒有因此獲得更多的快樂與安全感。讓人憂心的是，許多新新人類對這樣豐富、活潑的男女互動、交往情況，反而產生了另一種情欲世界的混亂感。

當男女的感情從純純的愛戀走到肉欲的那一端，甚至突破了那最後的一道防線時，想在欲海中再抽身返回清純岸，只怕就十分困難了。

在性觀念晦明不定，性行為卻急急走向開放的當前，青春兒女更需明白：互敬、有情、負責的態度，才是真情。不忘記尊重生命、真情有義、有責任心、不濫情，才是青春兒女在兩性交往上所應懷抱的基本原則。

不「練」愛，怎會談戀愛？

庭院深深深幾許？楊柳堆煙，簾幕無重數。
玉勒雕鞍游冶處，樓高不見章臺路。
雨橫風狂三月暮，門掩黃昏，無計留春住。
淚眼問花花不語，亂紅飛過秋千去。

歐陽脩〈蝶戀花〉

深夜凌晨，手機「叮咚」一聲，我知道 E-mail 有來信。

老師，今夜又是輾轉反側，久久無法入睡，最終還是想到您，因為您一直是我最信任的人，唯有向您求救，我才有脫困的可能。

原來是阿鴻的來信，阿鴻自建中畢業大約十一、二年，現在一家著名的電子公司擔任工程師。

記憶中的阿鴻長得高高瘦瘦的，為人十分正直卻有些靦腆，曾任兩屆風紀股長；是臺中大里的大戶人家，上有兩個姐姐，他是唯一的男孩，尤其得父母與爺爺、奶奶的疼愛。記得為了他北上建中讀書，爸媽還特地在學校附近租了一間高檔大廈的套房，以便他上學。

雖是富家子弟，阿鴻卻一點也沒有驕氣；每次學校舉辦親師會，他的爸媽總是連袂從臺中北上，且一定帶來伴手禮，熱情的要我收下。阿鴻的課業在班上始終排行前十，實在不必父母多擔心，行為舉止更是溫文爾雅，不必父母多憂慮。唯一讓我這身為導師較操心的是，總覺得這少年心地乾淨，太「古意」了些。

臺大電機四年、研究所兩年，他一直跟我保持聯絡；幾次回建中看我，問他：「有女朋友了沒？」他總是搖搖頭，甚至半開玩笑的回我：「事業未成，何以為家？」

要不是夠他困擾的，我想他是不會在這樣的寒冬凌晨，突然寫了E-mail給我。

認識她是在同事的喜宴上，她正好坐在我身旁。她不是那種讓我一見驚豔的女生，所以我一開始並沒有特別注意她，也沒有與她交談，偏偏在喜宴結束前，她不小心把紅酒潑灑在我西裝上，她不斷向我道歉，手裡還拿著餐巾紙，一直往我身上擦。我說：「沒關係，回去送洗就好了。」她卻仍不停的擦拭著我的衣服。喜宴結束後，我正準備離席，沒想到她卻突然拉著我的手問：「讓我請你喝杯咖啡，向你道歉好不好？」

我從沒遇過女生如此主動的要請我喝咖啡，當時還真愣了好一會兒。好吧！既然女生如此溫柔殷勤，我也就不好意思拒絕了。後來，我們兩人在喜宴飯店的咖啡廳裡喝了一杯拿鐵，大部分時間都是我在聽她說話，她笑咪咪、比手畫腳的告訴我，她也是「北漂」的工作者，家住臺南，現在一家國小當代課老師；而我也簡單的敘說了自己的工作和家庭情形。

臨別前，彼此交換了手機號碼和LINE。

沒想到兩天後就接到了她的來電，她說本來和一位女同事約了一起看電影，未料同事臨時有事不能赴約，現在等於多買了一張票，所以她懇求我陪她一起去。我完全沒有交女朋友的經驗，也不知道該如何回絕一個輕聲細語的女孩，於是我決定赴約；心想：反正就是看一場電影嘛，又能演出什麼故事？

看完電影，女孩提議在華納威秀附近逛逛。逛著逛著，我們在暗巷拐彎處聽到「喵喵」的聲音，走近一看，竟然是隻小貓；女孩立即上前，速速的抱起流浪小貓。

當時，她穿著低胸的粉紅洋裝，把小貓緊緊的揣在胸前。說真的，那種慈愛溫柔的畫面一下子觸動了我的心，我竟然好想變成那隻流浪貓。

不只是一隻貓，而是一窩的貓

隔了一星期左右，她又來電了，這次她的語氣十分急促，似乎帶著幾分慌張。

「怎麼辦？房東說臨時要娶媳婦，要我在一星期內搬出去。你那裡不是有多的房間嗎？可以讓我暫時搬到你那裡住嗎？拜託啦——」

阿鴻的爸媽疼愛兒子，就在內湖瑞光路，離他上班處不遠的地段，買了一層三房兩廳的房子給他；我想，她敢如此大膽的「自動」送上門，肯定是阿鴻無意中說出擁有房子的事。

好吧，搬就搬吧，反正只是暫時性的借住嘛。

誰知道，女孩來了，還帶了四隻貓；剛開始，她很客氣的說睡客廳沙發上就好，結果沒幾天，她就入住客房。

每天早晨，她總是很早就起來為我烤麵包、做沙拉、煮咖啡，讓長久離家在外的我，著實感覺溫馨。

可是不知怎麼搞的，不到一個月，四隻貓變成八隻貓，跑上跳下的，甚至還對著電腦噴尿，簡直把我搞瘋了。我忍不住問她：「房子找到沒？」她竟然對我嗲聲嗲氣說：「老公，我們這樣住不是很好嗎？」

我，什麼時候變成她老公了？

哦，就幾次夜晚對酌，接著激情一番，我就成為她老公了。

誇張的是，我有一天清晨醒來，聽見叩叩敲打木魚和念經的聲音，走出房門一看，原來是她在誦經，而周遭就圍著那八隻貓，看得我簡直差點暈倒。

有一天，當我買雞腿飯回家當晚餐的時候，她竟然在我耳旁說：「老公，殺生不好呀！那些雞排、豬排都充滿了毒素的，因為牠們在被殺的時候都含著怨念的。」

奇怪了，當初我們正濃情蜜意的時候，她不是還跟我一起大啖了「王品」牛排好幾次嗎？什麼時候她開始茹素了？

真相的背後

老師，我真不知道該怎麼辦？該怪我引「狼」入室嗎？只是我萬萬沒想到，她怎麼說也是個從事教育工作的為人師者，竟然會主動要求搬入男方的寓所，而且還帶了八隻貓，又吃素又念經的。老師，您知道八隻貓一天要用多少貓砂？多少魚肉、貓罐頭？還有，貓生病看醫生，打針、掛點滴，一次費用就要四、五千，她每次總說要暫時跟我「借一借」。

思前想後，我感覺自己是被設「局」了。

可是人進來了，貓群也進駐了，還口口聲聲對我喊「老公」；無論是對鄰居、對超商店員，逢人就說我是她先生。

臺中老家的爸媽近來老催著我結婚，她更是時不時的吵著說要到臺中看我父母。

老師，救救我呀！我可不想跟這種女人結婚過一輩子。我承認自己幾次被色心沖昏了頭，再加上酒精作祟，因而跟她有了幾番激情演出；可是也不能說，此後我就必須負責她一輩子吧？

阿鴻在長長的文字之後，還畫了個男孩蹲在一旁哭泣的模樣。

——會思想的蘆葦——

俗話說：「男追女隔座山，女追男隔層紗。」

這就表示：男性追求女性，彷如高山重嶂般的艱難，而女性如果主動追求男性的話，那可就簡單輕鬆多了。

會讀書、擅長考試的男生，化學方程式、數學 $\alpha\beta$ 難不倒他，可是對男女情愛遊戲卻完全「絕塵」、手足無措；因為在成長的過程裡，學業可能是他唯一的專注，以致於對男歡女愛既缺幻想，更沒經驗。所以當他乍遇情愛時，不免慌張、不懂如何應對，再加上如果女方來勢「洶洶」，主動示愛獻情的話，這向來只會讀書、只會電機程式設計，生活單純的男主角只有舉白旗，全面投降了。

在建中紅樓擔任了四十年導師，和這群17、18歲的少年朝夕相處，依我的觀察，越是認真讀書、思想單純的少年，越是對男女情感充滿崇高理想，尤

其潔身自愛，不敢也不願隨意「追」女生。

反而是學業不上不下、調皮開朗的少年，最是情場高手，甚至「身經花叢過」卻是「落葉不沾身」。

阿鴻從小功課好、品行佳，尤其在父母、師長的層層保護與教育中，他確實是循規蹈矩的好少年；大學、研究所乃至進入社會職場，他還是十分單純、不識男女情場上的爾虞我詐。未「釣」到時，總是百依百順、一派溫柔賢淑，等「魚兒」上鉤，那就原形畢露、毫不掩飾。

為什麼這個女生在喜宴上會正好坐在阿鴻身旁，又「不小心」把酒潑灑在阿鴻身上，再藉著歉意請喝咖啡？這一切也未免太巧合了！阿鴻身為高薪黃金單身漢，懵懵懂懂的，一步步踏上別人設的「局」，以至走到今天的困境。

身為阿鴻的老師，我又該如何幫他脫離這樣的「情緣」呢？

對情場老手而言，說「掰掰」很容易，可是對於臉皮薄又有責任感的情場「菜鳥」而言，卻是重大事件。

人言：「強摘的瓜不甜」，女方這樣處心積慮的作為，縱使勉強「抓」住了阿鴻，只怕最終也難有好結局。

我告訴阿鴻，分手談判時一定要有第三者或長輩在場，且最好不要在密閉式場合；切記兩人分手時要保護對方的自尊心，也不要讓自己傷害太深。

阿鴻是臺中大戶人家的男孩，高富帥、學業、工作更是一向順風順水；父母在阿鴻的成長路上，只見兒子成績優秀、工作職場也風光，卻始終沒有給予阿鴻足夠的情感教育，以為兒子這麼會讀書，肯定什麼都難不了他。

所以喜宴上以「潑酒」邂逅引發的咖啡「陪罪」、看電影、急搬家的情節一步步上演，對情場「菜鳥」的阿鴻而言，可謂是一步步捲入愛情漩渦，待發覺背後可能的真相時，想抽身卻已陷身泥淖、痛苦不堪，又不知怎麼辦？

婚姻不只是終身大事，更是緊緊連繫雙方家族的羈絆；與其趕鴨子上架，不如早早好聚好散。

「解鈴仍需繫鈴人」，要聚散兩平和，仍有賴彼此的感情EQ，阿鴻歷經這番震撼「教育」後，應得到不少啟示，今後對天上掉下來的「禮物」，想必會更戒慎恐懼了。

學霸搞不定的愛情習題

上邪，我欲與君相知。長命無絕衰。
山無陵，江水為竭，冬雷震震夏雨雪，天地合，乃敢與君絕。
漢〈樂府詩〉

結束了一場親子教養的演講，走下講臺，照慣例，總有好幾位媽媽聽眾擁上來，圍著我詢問關於孩子們的問題，我總是一一的回答解惑。

走出中興大學法學院的活動中心，在迴廊轉角處，看見一個西裝畢挺的中年男子直直向我走來。我心想：大概又是一位為孩子煩惱的爸爸要問我問題吧！

沒想到，他卻掛著一臉微笑的喊：「老師，我是李建卿啦，從建中畢業十八年了，老師想起來了嗎？我從報紙上得知您今天會來這裡演講，所以特地跑來這裡等您。」

李建卿，十八年前畢業的學生，如今早已過了而立之年了吧？

慢慢的，我想起了十八年前的李建卿——那個學業功課頂尖，個性卻十分靦腆的少年。

「老師，我、我有些困擾的事，不曉得能不能請老師為我想辦法？」

都快四十歲的成年男子了，可是在我面前提及自己的煩惱，剎那間似乎又變回了昔日那容易害羞，動不動就臉頰發紅的靦腆少年。

我們師生在附近尋了一家清靜的小咖啡屋。

看著眼前對桌的男子，他五官俊挺的模樣和昔日相去不遠。猶記得，當年堪稱學霸的他，以第一志願考上了臺大電機系，大學畢業後，原本申請到美國加州大學留學；後來從同學間的消息輾轉得知，由於他放心不下家中寡母，毅然決定放棄十分難得的獎學金，留在臺灣念研究所，陪伴四十歲不到就守寡的母親，只因為他是家中唯一的獨生子。

「老師，不好意思，這樣突然的來找您。可是，想了好多天，還是只想到老師。」他手裡拿著咖啡杯，囁囁的說著，彷彿又幻化為從前那17、18歲的害羞少年。

「不瞞老師，我愛上了一個好女人，她先生因吸毒、販毒，在監獄裡服刑，而且她還有一個7、8歲的女兒……她真的很善良、很溫柔，讓我深深著迷。我早就已經不是涉世未深的年輕人了，也不是沒談過戀愛，可是我可以確定從沒有這樣愛一個人。我期待她能趕快打完離婚官司，然後我們就能立即結婚，終生廝守，我會把她的女兒視如己出，待如親生。」建卿似乎鼓足了勇氣，一口氣嘩啦啦的說了一大串。

愛上一個好女人，可是她還有一個正在牢裡的先生，她身上仍有婚姻的枷鎖、一個8歲的女兒。無論多少激情熱愛、多少溫柔纏綿，又如何衝破這層層關卡？

「老師，當我母親知道我愛上這樣的女人，居然還想跟她結婚，我……我母親除了傷心哭泣之外，還不斷以死要脅，寧死也不肯答應這件婚事。」男子說著說著，聲音幾近嗚咽；我看著淚水從他的眼眶流到面頰，然後悄悄的掉入咖啡；他皺著眉頭、癟著嘴角，完全就像個手足無措、不知該如何面對問題的徬徨少年。

我沒問建卿是如何認識這個「好女人」的，但我知道建卿是某知名電子公司的高階處長，他的月薪是六位數字；人長得英挺俊秀又擁有高收入，可謂是名副其實的黃金單身漢。為何偏偏招惹上有著如此複雜背景的「好女人」？

男歡女愛、男女情愛是極其私密也難以論定對錯的。親愛的孩子，謝謝你縱使畢業近二十年，卻仍對我這般信任。可是，老師終究無法為你作主，也無法幫助你什麼。

最後，我只能告訴他：「不管將來是否能結合，現在你必須正視的問題是：她仍有婚姻這道坎還沒過。如果將來離婚官司打不成，而關在牢裡的人被釋放了，你要怎樣應付？母親的擔心和反對，都是必然的。」

結婚一事，牽連的不是男女個人雙方而已；婚姻的背後，連繫的還有雙方家族、親朋好友，甚至會影響事業、職務的升遷以及未來長久的生活與經濟變化。

老師，我怕心神不定、開錯藥

老師，如果您在三個月前看到我，一定會覺得我神采熠熠、笑容飛揚，因為醫院送我到美國北卡羅來納州進修研習了八個月。可是回到臺灣之後，我卻發現太太好像變了；她每次接聽手機總是跑到離我遠遠的浴室，神祕兮兮的。最奇怪的是，我還在她皮包裡發現了一張婦產科診所的名片。老師，您知道，家裡的三個孩子都是由我身為婦產科醫生的姐姐接生的，太太所有的婦科問題也都是由姐姐來照護的。不僅如此，我還無意間在電腦上發現，她竟然跟婚前的男朋友還有聯絡，而且還時不時的提到我們的兒子翰翰。

深夜十二點多，我突然收到了在一家大型教學醫院裡擔任科主任的大動的 E-mail。

不瞞老師，我近來總是越想越多，甚至開始懷疑翰翰是不是我的親生兒子。畢竟不論追查我的母族或父族，都沒有翰翰這種重度遲緩的狀況。我沒有勇氣直接質問太太以上的種種懷疑，每每在開車前往醫院的途中，總會不由自主的胡思亂想；尤其是看診時面對病人，我更怕自己心神不定、開錯藥，讓病人吃出問題。攸關人命，怎麼辦？

二十年前的大勳，在紅樓校園裡是超級學霸級的風雲人物，建中三年六個學期，他擔任過四個學期的班長。

大學聯考，如他所願的考上國立大學醫學系，他曾代表臺灣，參加來自世界各國的醫學系學生聯合會議，醫師國考對他易如反掌，一考就過。

在他的結婚喜宴上，我擔任「介紹人」上臺致詞，新娘是某大學的校花，年紀輕輕的，便已在一所私立大學裡任教。

郎才女貌，天作之合；五年間，連續生了三個孩子：老大、老二是女兒，老三是男孩，後來卻發現老三是重症遲緩兒，需要有人隨身照顧。

真相的背後

我約了大勳在住家附近的「星巴克」見面。

那天看見大勳的頭髮稍嫌凌亂、神情憔悴，看來甚至有幾分落魄。想來沒有人會猜想到，他是某教學醫院的醫學教授兼科主任。

我直接問他：「如果太太真的『爬牆』了，你還想要這段婚姻嗎？萬一驗出翰翰不是你的親骨肉，你捨得不要他嗎？」一聽我提到翰翰，大動整個背脊都豎直了起來。

「不論翰翰是不是我的親生兒子，我絕不會放棄他！」大動斬釘截鐵，發誓般的說：「結婚十二年了，我還是深愛著阿芳的，我想可能是我多心了。」

婚姻裡最大的殺手就是「存疑」，彼此間的誠信不足。

我建議大動：「如果懷疑翰翰不是你的親生骨肉，那麼在翰翰睡覺的時候，你可以趁機為他抽血，拿到醫院檢驗ＤＮＡ即可。夫妻間相處，最怕、最傷的就是有『懷疑之心』。既然你對阿芳為什麼會有其他婦產科的名片這些事產生了懷疑，不妨找個兩人單獨吃飯、喝咖啡的時候，心平氣和的提出你的懷疑和困擾，最重要的是，你千萬別忘了說出你這麼多年來，對阿芳的真情和愛意。」

不到一星期，我接到了大動的電話。

「老師，謝謝您的開導，我覺得自己又變回從前那個充滿活力的我。向老師報告，經DNA的檢驗，翰翰確實是我的親生兒子。阿芳的婦產科名片是在一場喜酒上，互換名片留下的。和前男友的電子郵件往來，則是因為那個男性友人的女兒想報考阿芳的學校。」

—會思想的蘆葦—

「逆風如解意，容易莫摧殘；但得一人心，白首不相離。」

有人說，最美好的感情，就是在最適宜的時間，遇上與你心意最相通，最恰當的人。

可是感情的事，偏偏不是你微積分強、你化學方程式流暢，就可以破解的。相愛容易，相處難；再強大的學霸，也不一定能駕馭男女情愛。

當彼此間的情感從激情熱愛轉變為涓涓細流、溫柔關懷是何等不易呀！

「有情人終成眷屬」終究止於詩詞，是人間稀有；最讓人遺憾的是，從佳偶變成怨偶；從相看兩不厭，到看了就討厭的地步。

大動因一張名片，加上兒子的「病情」而懷疑太太可能有外遇，可是只要兩人心平靜和的說明白，一切烏煙瘴氣也就煙消雲散了。

最令人擔心的是建卿愛上了他認為少見的「好女人」，好女人目前不只有婚約在身，且有一個7、8歲的女兒；況且好女人的先生身陷囹圄。這種情況裡所摻入的多方元素跟一般平淡平凡的婚姻相比，實在複雜太多了。

偏偏這般複雜的戀情被建卿遇上了，而且還深深愛上了。

我要建議天下父母，對於學業優秀卓越的兒女，更要多傳授他們一些情愛EQ。讓孩子在青春年少時，多談幾場戀愛；成也好，敗也罷，總是有些情場經驗，有些「風吹雨打」的苦楚，當面對終身婚姻的抉擇時，相信也就能做出比較理性、堅強的決定。

天下沒有白吃的午餐，感情也是

人生若只如初見，秋風何事悲畫扇？
等閒變卻故人心，卻道故人心易變。

納蘭性德〈木蘭詞〉

電視螢光幕上的她，戴著一頂寬邊的草帽，大大的黑色太陽眼鏡，幾乎遮去了大半個臉龐，再加上特意配戴的粉紅口罩；在眾多媒體麥克風的包圍下，她的容貌幾乎是零曝光。

「他是教授，是人人敬重的老師啊！可是一得知我懷孕，竟然就立刻叫我去把孩子拿掉。」她拿著手帕擦拭淚水，邊嗚咽著嗓子，邊回答著擁擠上來的好幾支麥克風。

「你們交往的時候，他從沒說過自己已經有家庭了嗎？他告訴你，他單身嗎？」媒體記者忙搶著問。

「是呀，他從來沒說過他已婚。」她用力的點頭，差點把草帽點飛。

「這種人格、這種人品的人，可以當大學的院長嗎？」記者還來不及進一步追問，女人突然急切、歇斯底里般的嚷。

看來又是一件教育界的緋聞八卦，依然如八點檔的狗血連續劇般，輕而易舉的引來高收視率。

升遷為院長？這名女子說的該不會是阿錡吧？前些日子，阿錡才興奮的來電告訴我：「老師，下個月我可能升任財經學院院長哦！」

該不會是阿錡又重蹈覆轍，又玩起「偷吃」遊戲吧？看來這回布局是針對「院長」這個位置吧？女方敢如此大張旗鼓的召開記者會，顯然背後肯定有不少的「藏鏡人」。

這時，手機震動響起——是阿錡。

「老師，請您相信我絕不是電視裡那個女的說的那樣，我是被設計的，就是有一批人不肯讓我當院長！」阿錡的語氣十分迫切，且透露著高度慌張。

阿錡啊阿錡，老師相不相信，對你又有何用？這回，老師真的幫不上你的忙。兩年前的那次「桃花劫」，難道還沒讓你得到教訓嗎？這回你又惹上了什麼樣的女人呢？

記得兩年前，也是這樣的冬日夜晚，聽你幾乎哽咽的說：「老師，您跟水果報社熟嗎？老師，您一定要救救我，那個女的翻臉比翻書還快，口口聲聲說要跟水果報紙爆料，她說一定要讓我在大學裡待不下去。」

阿錡，建中三年六個學期，他當了五個學期的班長；他不只具領袖魅力，更是長得風度翩翩、一表人才。

大學上了電機系，畢業服役當預官，一退役立即飛往美國攻讀研究所，只是放棄電機改攻財經；五年不到便拿到了財經博士返臺，且順利到一家國立大學擔任財經助理教授。

不久後，阿錡結婚了，在五星級飯店席開近五十桌，我還應邀擔任特別來賓，上臺致詞。新娘纖瘦高挑，長得很漂亮，是阿錡就讀美國研究所時認識的小學妹。

讀書、結婚、就業，阿錡一路走來一帆風順；唯一困擾的就是總有女學生時不時在試卷、研究報告上，偷偷寫下自己的三圍和手機電話。

阿錡告訴我：「老師，我會格外小心的。每次只要有學生單獨來研究室找我，我一定會把研究室的門打開，表示沒有任何不可告人的事。」

漂亮女孩常因自己的美貌引來無謂的「登徒子」，而長得俊帥又風度翩翩、玉樹臨風的阿錡，自然也有因為長得好看而惹來的困擾。

助理教授、副教授、教授兼系所主任……阿錡的教學之路既亮眼又順遂；在這些日子裡，老婆更為他添了個可愛的女兒；一家三口，看來快樂又幸福。

都是EMBA班惹的禍？

兩年前阿錡突來的求救電話，著實讓我震驚。

基於情況緊迫，我沒有多問對方到底要爆什麼料，只是趕忙撥了個電話，給正好在水果報紙擔任主編主任的姪女，請她為我留意這個「爆料」新聞，先壓一壓，暫且不曝光。

通過電話後的第二天，阿錡來到學校附近的一家「星巴克」，低著頭，娓娓的敘說了他的遭遇。

他說，那個女人是他EMBA班裡的學生，每次下課都會很認真的來請教他一些財經問題。

剛開始，只把她當個勤奮好學的在職碩士生，後來問多了、談多了，也曾應邀和她單獨吃晚飯。

阿錡說道：「雖然她的公司規模很大，不過為人倒是十分誠懇。她還主動告訴我，她因為先生外遇而離婚了三年，如今將念國小的兒子帶在身邊，一起生活。」

有一回，下課晚了，女方說汽車正好送廠保養，拜託阿錡順道送她回家。到了女方的豪宅樓下，女方說：「上來喝杯咖啡吧。」

阿錡拗不過女方的再三懇請，於是便停了車，跟著上樓。

真相的背後

進了女方的家，阿錡發現那真是豪華氣派的格局擺設；孩子早跟著保姆就寢了，整個客廳裡靜悄悄的。

而女方卻是忙進忙出的煮起咖啡，阿錡說，他也只好跟著拿杯盤，然後兩人對坐喝咖啡。

接下來，然後呢？然後大概就情不自禁了。

究竟是誰勾引了誰？其實也說不清。

反正都是成年人了，感情的事只有自己作主。

雙方就這樣暗通款曲的將近一學期，阿錡自以為瞞住了家裡妻小，享有「齊人之福」，不禁得意洋洋的。

沒想到，有一天女方卻突然告訴阿錡：「我有ＢＡＢＹ了。」而且強力要求阿錡離婚，與她相守。

阿錡系所主任的位置都還沒坐熱呢，女方卻突然丟了個「未爆彈」來突襲！這下子可把阿錡嚇壞了，也嚇醒了。偏偏對方不罷手，威脅阿錡若是不結束婚姻，就要跟水果報紙爆料；一經爆料，阿錡肯定會跌下系所主任的寶座，說不定連教授也當不成了。

孔子曰：「三十而立，四十而不惑。」偏偏向來聰敏又有才華、有能力的阿錡，在面臨四十大關的此際卻色欲熏心，昏了頭。

好不容易幫阿錡把那則爆料新聞壓了下來，接下來就是阿錡與對方的談判。

後來聽阿錡說，女方開出了要價兩千萬元的「封口費」，可是阿錡既沒那麼多錢，也付不起。經過一番討價還價後，最後阿錡為這場豔遇付出了多少家當、多少錢；我不知道，也不想知道。

我只勸阿錡務必謹記此次的教訓，並且找個機會向太太主動「自首」，以免他日對方再拿此事來要脅，影響家庭和樂。

—會思想的蘆葦—

沒想到，兩年不到，阿錡最終還是成了緋聞的男主角；而且此次是女方直接召開記者會，簡單「暴力」的躍上螢幕，提出控訴。

人說：「一日為師，終身為父。」此種說法莫非是要我如今對阿錡終身

「保固」？

少年時代的阿錡多清純、多意氣風發，帥得多理直氣壯、多傲人？

如今成年了，俊帥外表也許依然如故，可是內心的思維和欲望，早已不再是昔日的青青子衿了。

阿錡呀，從前老師幫了你一次，這次只怕幫不了了。

如果你心正、處事光明磊落，又何須擔心別人設局？明明是要升職擔任院長的，為什麼在這節骨眼上，讓人有機會跳出來指控？

一個人如果不能真正自省，正視自己曾犯的錯誤而有所改進，原本的一手好牌都可能打成爛牌。原本的美好前程、康莊大道，都可能化為泥濘小路，窒礙難行。

不要說是你在情感道路上，遇上了金光黨；事實上是你的自戀與自我感覺良好，加上無法克制自己的情欲，才會引來愛情「金光黨」的覬覦。

從翩翩青春美少年到輕熟齡帥哥教授，這是要歷經多少歲月淬鍊呀！

阿錡算是幸運中的幸運，從少年到中年，學業、成就一直是順風順水，或許正是因為這樣的順利，以致於他忘記來時路上曾有的奮鬥、努力及汗水，所以在「自我感覺良好」、「天上掉下來的禮物」之下，竟拒絕不了別人特意的「色誘」，一步步踏入情欲陷阱，最終讓愛情「金光黨」有瑕疵把柄可握，也使自己在升任大學院長前的重要時刻，被推上了緋色的風口浪尖。

道德、人品、人格，不是一天半日就可以培養出來的。

家有卓越兒女的爸媽們，請別光看孩子風光亮麗的成就，更要從小培養孩子的是非道德觀，以免孩子成年之後，一不小心就跨越品格紅線，誤踩德性地雷。

孔子說：「君子慎獨。」想來，中心主旨也就在此。

國家圖書館出版品預行編目資料

資優生的祕密：任教建中 40 年 陳美儒的青春期孩子陪讀哲學 / 陳美儒 作
-- 初版 . -- 臺北市：三采文化股份有限公司 , 2021.07
面； 公分 . -- (親子共學堂；39)

ISBN 978-957-658-601-9（平裝）

1. 親職教育 2. 青少年教育

528.2 110009681

suncolor 三采文化集團

親子共學堂 39

資優生的祕密

任教建中 40 年 陳美儒的青春期孩子陪讀哲學

作者｜ 陳美儒 行政主編｜ 杜雅婷 執行編輯｜ 宋亞樹
美術主編｜ 藍秀婷 美術編輯｜ 陳佩君 封面設計及內文版面設計｜ 謝孃瑩

發行人｜ 張輝明 總編輯｜ 曾雅青 發行所｜ 三采文化股份有限公司
地址｜ 台北市內湖區瑞光路 513 巷 33 號 8 樓
傳訊｜ TEL:8797-1234 FAX:8797-1688 網址｜ www.suncolor.com.tw
郵政劃撥｜ 帳號：14319060 戶名：三采文化股份有限公司
初版發行｜ 2021 年 7 月 16 日 定價｜ NT$360
2 刷｜ 2021 年 9 月 25 日